Kurt Tepperwein

Das große Lebensbuch

Kurt Tepperwein

Das große Lebensbuch

mvg Verlag

Bibliografische Information der Deutschen Nationalbibliothek
Die Deutsche Nationalbibliothek verzeichnet diese Publikation in der Deutschen Nationalbibliografie. Detaillierte bibliografische Daten sind im Internet über http://dnb.d-nb.de abrufbar.

Sonderausgabe 2007
Die gebundene Ausgabe mit Schutzumschlag erscheint unter der
ISBN 978-3-636-06252-9

www.mvg-verlag.de

Umschlaggestaltung: EILER2 GmbH, München
Satz: Redline GmbH, Jürgen Echter
Druck- und Bindearbeiten: Pustet, Regensburg
Printed in Germany 06342/030702
ISBN 978-3-636-06342-7

Inhalt

Vom Nutzen des Lebensbuches

Sie erhalten mit diesem „Lebensbuch“ die Einladung, ein Jahr lang Tag für Tag nach einer bereits für Sie vorgedachten Weise zu arbeiten. Dabei bietet Ihnen das „Lebensbuch“ gegenüber einem bloßen Sachbuch wesentliche Vorteile:

Ein Buch – das lesen Sie. Es gefällt Ihnen, oder es gefällt Ihnen nicht, und die vielen Gedanken aus dem Buch sind bereits nach einigen Tagen oder Wochen vergessen. Vorbei ist die Begeisterung, die Sie beim Lesen empfanden. In der Regel konnte auch nur ein Teil der Anregungen aus diesem Buch umgesetzt werden. Der Alltag holt uns schnell wieder ein, insbesondere, wenn wir Bücher wie „Fastfood“ konsumieren.

Was unser Leben dauerhaft in eine gute Richtung bringt, sind neue Gewohnheiten, kleine Rituale, die uns durch den Alltag tragen. Doch der Verstand widersetzt sich dem gewöhnlich. Er sucht stets das Neue, er ist im wahrsten Sinne des Wortes „neugierig“.

Die vorliegende kalendarische Form des „Lebensbuches“ befriedigt den Verstand in seinem Wissensdurst. Jeden Tag erhalten Sie eine neue Tagesaufgabe. So schlafen Sie schon am Abend ein, neugierig, welche Aufgabe Sie morgen erwarten mag. Zudem werden Sie Tag für Tag merkwürdige „Zufälle“ erleben, Ereignisse, die haargenau zu dem Thema des jeweiligen Kalendertages passen. Wie kommt dieses kleine Wunder zustande?

Ihr Unterbewusstsein, das ja nicht durch Zeit und Raum getrennt ist, weiß bereits am Vortag, welches Thema am nächsten Kalendertag auf Sie zukommt, und hat auf diese Weise genug Zeit, die Ereignisse des nächsten Tages für Sie vor- und aufzubereiten, sodass Sie sich sozusagen „durch magische Hand gesteuert“ ein Optimum an Lernchancen und Erkenntnissen aus jedem Tag herausholen können.

Jeder Kalendermonat ist einer ganz bestimmten Qualität oder Tugend geweiht, beispielsweise „Glauben“ oder „Lebenskunst“. Das Lebensbuch präsentiert Ihnen somit einen *Monats-*

fokus und einen *Tagesfokus*, mit Hilfe dessen Sie Ihr Bewusstsein durchdringen und erweitern können.

Steter Tropfen höhlt den Stein, so sagt man. Und auch wenn Osho im gleichnamigen Buch schreibt, „Sprengt den Fels der Unbewusstheit", setze ich mehr auf den steten Tropfen. Er ist sanfter, eindrucksvoller und langfristig ergiebiger.

Im vorliegenden „Lebensbuch" beinhaltet jeder Kalendertag für Sie drei Bausteine, die sinnvoll aufeinander abgestimmt wurden:

- eine „Lebensweisheit des Tages",
- eine Kommentierung beziehungsweise Ergänzung des jeweiligen Themas und
- einen Vorsatz beziehungsweise eine „Aufgabe des Tages".

Indem Sie Tag für Tag mit dem „Lebensbuch" arbeiten, das heißt, die „Lebensweisheiten" zur Kontemplation nutzen, die „Kommentierungen" im Herzen oder im Geist bewegen und die „Tagesaufgabe" auch wirklich umsetzen, züchten Sie im Laufe eines Jahres eine Menge „Goldkristalle" in Ihrem Inneren heran. Wenn Sie dann nach einem Jahr zurückblicken, werden Sie erkennen, welchen großen Schritt Sie in Ihrer Entwicklung getan haben:

Sie haben begonnen, Ihr Leben zu verwirklichen, Tag für Tag!

In diesem Sinne wünsche ich Ihnen mit Ihrem ganz persönlichen „Lebensbuch" ganz viel Freude

Ihr

Kurt Tepperwein

Wie man mit der „Lebensweisheit des Tages“ arbeitet

Sie lesen die heutige „Lebensweisheit des Tages“. Diese steht bei jedem Tag immer ganz oben. Nehmen wir einmal an, heute sei der 3. September. Dann lesen Sie: *„Das Leben meistert man spielerisch oder gar nicht“.*

Jede Lebensweisheit hat ihre Bedeutung immer auf drei Ebenen:

- im allgemein Gültigen,
- im persönlichen Bewusstsein und
- in der persönlichen Umsetzung.

Während Sie die „Lebensweisheit des Tages“ verinnerlichen, bitten Sie Ihr Überbewusstsein, Ihnen zu allen drei Ebenen eine angemessene Anregung zu geben. (Vergleichen Sie dazu auch das spätere Kapitel *Wie man sich Lösungen im Überbewusstsein „einfallen“ lässt!)*

Sie beginnen beispielsweise bei der allgemein gültigen Ebene. Was bedeutet *„Das Leben meistert man spielerisch oder gar nicht“*?

Vielleicht kommen Ihnen spontan Gedanken dazu wie: „Man muss sich doch anstrengen!“ Auch eine Reihe von Glaubenssätzen fallen Ihnen ein, beispielsweise:

- „Das Leben ist hart.“
- „Auge um Auge, Zahn um Zahn.“
- „Nur die Stärksten überleben.“
- „Mein Leben ist kein Spiel, das ist bitterer Ernst.“
- …

„Das Leben meistert man spielerisch oder gar nicht“ bedeutet offenbar, dass das Leben als Spiel gedacht ist. Vielleicht fällt Ihnen dazu auch das Märchen vom Hasen und dem Igel ein.

Und so gewinnen Sie eine völlig neue „Lebenseinstellung", eine positive.

Sie bewegen diesen Satz „*Das Leben meistert man spielerisch oder gar nicht*" weiter in Ihrem Herzen und richten ihn nun auf die zweite Ebene und damit auf sich selbst aus: „*Das Leben meistert man spielerisch oder gar nicht*".

- Wo bin ich verkrampft? Oder gar verbissen?
- Was gibt es für Lebenssituationen, mit denen ich spielerischer umgehen könnte?
- Was würde es für mich bedeuten, spielerisch durch das Leben zu gehen?

Vielleicht fällt Ihnen in diesem Zusammenhang ein, dass jedes Spiel seine Regeln hat. Also sollten Sie die Regeln des „Lebensspiels", das Sie spielen, kennen. Und wenn Sie wollen, können Sie sich bei dem Anlass bewusst machen, welches „Spiel" Sie gerade selbst spielen:

- Schwein am Futtertrog (alles gehört mir)?
- Eremit (lasst mich bloß in Ruhe)?
- Bedauern (wenn nicht dies ... geschehen wäre, dann ...)?
- ...

Vielleicht fällt Ihnen nun auch ein, welches Spiel Sie – statt dem bisherigen – spielen möchten:

- Bewusstes Erkennen (das Leben als Möglichkeit)
- Das Spiel der Liebe (alles ist EIN Bewusstsein)
- Das Schöpferspiel (bewusst eine Ursache setzen)
- ...

So komme Sie zur dritten Ebene, der persönlichen Umsetzung. Wenn Sie gründlich arbeiten wollen, können und sollten Sie sich außerdem zu den „Tagesaufgaben" noch die eine oder andere zusätzliche Aufgabe stellen. Dies bedeutet, sich zu fragen: „Was kann ich heute ganz konkret tun, um mein Leben spielerisch zu meistern?", „Welche Anforderungen stellt das

Leben derzeit an mich?" und „Was empfinde ich derzeit als den größten Mangel?". Themen könnten sein:

- Persönliche Schwierigkeiten mit einem guten Freund.
- Unbefriedigender Arbeitsplatz.
- Kein angemessener materieller oder finanzieller Ausdruck.
- Keine erfüllende Sexualität mit dem richtigen Partner.
- Spirituelle Unsicherheit oder Unsicherheit im Glauben.

Sie nehmen sich für heute eine Sache vor, die Sie zusätzlich zur Tagesaufgabe umsetzen wollen, passend zum Motto des heutigen Tages. Dies kann sein:

- Den guten Freund anrufen und mit ihm ein klärendes Gespräch führen.
- Zu Ihrem Arbeitsplatz eine neue Einstellung gewinnen und beziehungsweise oder sich nach einem neuen Arbeitsplatz umschauen.
- Die materiellen beziehungsweise finanziellen Schwierigkeiten untersuchen. Gibt es spielerische Möglichkeiten für einen Zusatzverdienst? Existieren unnötige Kosten, die Sie spielerisch streichen sollten?
- Einer erfüllenden Sexualität einen Schritt näher kommen – spielerisch. Was brauchen Sie, damit Sie Ihren Sex als „erfüllend" erleben? Sind Sie sexuell verkrampft, im Leistungsdenken verhaftet? Fehlt Ihnen der richtige Partner? Wenn ja, gehen Sie heute einen Schritt, um dem richtigen Partner zu begegnen. Dies kann auch bedeuten, den bestehenden Partner neu zu erleben, sodass der Sex für beide erfüllend wird.
- Ihre Rückverbindung (zu Gott) überdenken: Was haben Sie für ein Bild von Gott und seiner Schöpfung? Wie können Sie mit Ihrem Glauben spielerisch und meisterhaft umgehen? Ein Gebet, eine Meditation oder auch eine entschlossene Handlung kann Ihrem neuen spirituellen Verständnis ein Gesicht geben.

Während der Tag fortschreitet, bewegen Sie immer wieder die „Lebensweisheit des Tages" im Herzen. Dann, am Abend, wenn der Tag zur Neige geht, nehmen Sie sich diesen Satz erneut vor und lassen den Tag vor Ihrem geistigen Auge noch einmal auferstehen:

- Wo ist es mir bereits gut gelungen, den Tag „spielerisch“ anzugehen und zu meistern?
- Wo war ich festgefahren oder kam nicht weiter?
- Wie hätte ich im Idealfall handeln können?

Sie durchleben den gesamten Tagesablauf gedanklich noch einmal. Dabei modellieren Sie die Szenen, die nicht optimal gelaufen sind, gedanklich so um, wie Sie im Idealfall hätten handeln können. Auf diese Weise prägt sich das stimmige Verhalten in Ihr Unterbewusstsein ein. Damit Sie sich dann, am nächsten Morgen, auf die gleiche Weise die nächste Lebensweisheit vornehmen können:

„Lebenskunst bedeutet, mit dem IST im Einklang zu leben!“

Dies wird dann der Gedanke sein, der Sie durch diesen Tag begleitet.

Wie man mit dem „Tageskommentar" arbeitet

Den Kommentar finden Sie an jedem Tag jeweils in der Mitte. Er enthält sehr komprimierte und tiefgründige Ergänzungen, Interpretationen und Sinngedanken zu der „Lebensweisheit des Tages" und gibt Impulse, Anregungen und Hoffnungen. Durch ihn erhält diese Lebensweisheit auch noch einmal eine erweiterte Bedeutung.

Der „Tageskommentar" dient einem erweiterten Verständnis der Tagesenergie. Bewusst wurde jeder Kommentar in einer Intensität und Dichte gehalten, die ein mehrmaliges Lesen und Durchdenken erfordern. In einem normalen Sachbuch wäre es kaum möglich, in dieser Komprimierung zu schreiben, da dies den Lesefluss bremsen würde. Hier im „Lebensbuch" besteht – im Gegensatz zu einem gewöhnlichen „Lesebuch" – die Chance, sich mit der Dichte auseinanderzusetzen und den Lesestoff auch geistig zu durchdringen, also auch einmal ein „dickes Brett" zu bohren. Dadurch wird Ihre Gabe des tiefgründigen Denkens angeregt und die Gefahr vermieden, über wertvolle Zeilen allzu schnell hinwegzulesen.

Nehmen wir hier wieder einmal das Beispiel vom 3. September (Lebensweisheit: „Das Leben meistert man spielerisch oder gar nicht"), dann lesen Sie dort als Kommentar des Tages:

Bei einem Spiel gibt es Spielfiguren und Spieler. Die Spieler bewegen die Spielfiguren auf dem Spielbrett. Leider identifizieren wir uns viel zu sehr mit den Spielfiguren und viel zu wenig mit dem Spieler. Um das Leben als Spiel zu erkennen, müssen wir mit dem Hintergrund unseres Seins Kontakt aufnehmen, uns mit dem Hintergründigen auseinandersetzen. Wir müssen den Schmerz, die Zweifel, die Bedenken, die wir mit uns herumtragen, mit hinunter in unsere eigene Tiefe nehmen, von wo aus sich die stimmigen Einstellungen dann ergeben.

Der Kommentar gibt tiefer gehende Hinweise darauf, wie man „das Leben spielerisch meistert" – er ist sozusagen ein Erfüllungsgehilfe der „Lebensweisheit des Tages".

In diesem Beispiel wird das Sinnbild des Spiels weiter ausgeführt und für die Tagesbewältigung übersetzt: „Nehmen wir einmal an, das Leben wäre tatsächlich ein Spiel ..., dann müsste es ja dort, wie in jedem normalen Brettspiel, Spielfiguren und Spieler geben.“

Wenn Sie die Augen aufmachen und sich umsehen, erkennen Sie um sich herum Menschen, Tiere und Pflanzen. Wo aber sind die Spielfiguren? Stellen die Menschen, Tiere und Pflanzen – ohne es zu wissen – Spielfiguren dar? Dann stellt sich die Frage, wo die „Spieler“ zu sehen sind. Sind diese unsichtbar?

Aus der modernen Physik wissen Sie, dass stets die höhere Ebene die niedrigere bestimmt. Weil Sie also in Länge, Breite und Höhe existieren – der dritten Dimension –, können Sie beispielsweise etwas auf ein Blatt Papier zeichnen, was nur zwei Dimensionen hat, nämlich Länge und Höhe. Was für die moderne Physik gilt, trifft allerdings auch auf die gesamte Schöpfung zu. Doch leider sind wir blind geworden für die Dimensionen des Geistes.

Betrachten Sie die Schöpfung, dann sehen Sie überall eine wunderbare Ordnung: Im Atom wie im Aufbau einer Butterblume wie in der Gestaltung der Galaxien. Wie kommt diese Ordnung zustande? Es ist eine geistige Ordnung, die in der physischen Welt abgebildet wird. Dort gibt es Schöpfer und Geschöpf beziehungsweise Geschöpftes. Wer oder was entscheidet jetzt darüber, wer Spieler ist und wer Spielfigur? Es ist Ihr eigenes Bewusstsein!

Der Kommentar macht mit dem ersten Satz diese Unterscheidung deutlich, damit Sie überhaupt wissen, dass es beides gibt, Spieler und Spielfiguren. Spielfiguren werden von den Spielern bewegt, Spieler andererseits bewegen die Spielfiguren. Jetzt kommen Sie der Sache schon näher. Sie erkennen: Immer dann, wenn wir uns bewegen, insbesondere „herumschubsen“, aus der Mitte bringen lassen, dann sind wir Spielfiguren. Und wann immer wir in unserer Mitte sind und aus ihr heraus wirken, sind wir Spieler.

Der zweite Satz im Kommentar bringt es auf den Punkt:

Leider identifizieren wir uns viel zu sehr mit den Spielfiguren und viel zu wenig mit dem Spieler.

Diese Aussage verweist Sie darauf, dass die Frage, ob Sie ein Spieler oder eine Spielfigur sind, nicht eine Frage von Bildung, Herkunft oder Position ist, sondern eine Frage Ihrer Identifikation. Sie gibt Ihnen den Trost, dass Sie Ihre Position „Spielfigur“ jederzeit ändern können. Sie kennen doch die „HB-Männchen“ oder auch den Hampelmann – jemand zieht daran und der Hampelmann hampelt. Als Spieler lassen Sie sich nicht zum Hampelmann machen!

Wie aber kommen Sie überhaupt in die Gelegenheit, Ihre Identifikation zu verändern? Darauf präsentiert der dritte Satz im Kommentar eine Antwort:

Um das Leben als Spiel zu erkennen, müssen wir mit dem Hintergrund unseres Seins Kontakt aufnehmen, uns mit dem Hintergründigen auseinandersetzen!

Im Klartext heißt dies: Aha, das Leben ist in Wirklichkeit ein Spiel. Wenn Sie es also gerade nicht als solches empfinden, sondern als blutigen Ernst, dann stehen Sie gerade nicht „im Leben“. Was aber ist der „Hintergrund unseres Seins“?

Erst einmal erkennen Sie an dieser Stelle, dass es offenbar einen Vorder- und einen Hintergrund gibt. Der Satz fordert also auf, sich vom Vordergründigen zurückzuziehen, da Sie zu nahe an dem stehen, was wir Realität nennen. Als ob Sie vor einem Berg stehen, so dicht, dass Sie ihn nicht sehen können. Sie müssen daher Abstand gewinnen, in den Hintergrund treten. Sie identifizieren sich zu sehr mit Ihren Tagesproblemen, Sie sind zu subjektiv (selbstbezogen) und zu wenig objektiv (auf das Ganze bezogen). Daher die Enge im Bewusstsein. Dies macht Sie zur Spielfigur (Hampelmann), und deshalb empfinden Sie das Leben so wenig als Spiel. Sie müssen lernen, das ganze Spielbrett zu betrachten. Dafür müssen Sie das Vordergründige loslassen, denn die Dinge sind nicht so, wie sie vordergründig scheinen. Dies erkennen Sie aber erst, wenn Sie sich mit dem Hintergrund beschäftigen!

Vielleicht kennen Sie Platons Höhlengleichnis? Ich möchte es einmal in eine moderne Form übersetzen: Wenn ich im Kino sitze und mit einem Film identifiziert bin und den Film schrecklich finde, dann muss ich nachsehen, woher der Film kommt. Ich erkenne einen Projektor, ein Licht, ich erkenne, dass ich den spielerischen Umgang mit dem Film dann gewinnen kann, wenn ich auf die Lichtquelle schaue und nicht auf die Reflexe auf der Leinwand. Ich muss mich insbesondere mit dem eigenen Hintergrund auseinandersetzen. Wie aber komme ich dahin? Darauf gibt der vierte Satz des Kommentars die Antwort:

Wir müssen den Schmerz, die Zweifel, die Bedenken, die wir mit uns herumtragen, mit hinunter in unsere eigene Tiefe nehmen, von wo aus sich die stimmigen Einstellungen dann ergeben.

Dies bedeutet, dass all die Dinge, die Sie als „Realität“ empfinden, wie Schmerz oder Zweifel, Bedenken sein dürfen, dass sie willkommen sind. Sie brauchen ihnen nicht auszuweichen. Sie sollten all die Empfindungen, die Ihnen unsympathisch sind, erst einmal annehmen. Denn schlimm sind sie eigentlich nur durch Ihren Widerstand gegen sie.

Der Kommentar spricht von einer Tiefe. Gemeint ist hier die eigene Tiefe. So wie ein Segelschiff, das einen tiefen Kiel hat, stabil ist, so ist eine Psyche auch dann stabil, wenn sie über Tiefgang verfügt. Gott sei Dank verfügt jeder Mensch über diesen seelischen Tiefgang – Sie müssen ihn nur ausgraben und entdecken. Dies ist eine Art „inneres Gebet“ oder „heilende Meditation“, die nicht Gott oder das Selbst irgendwo im Jenseits sucht, sondern die Schmerzen, Zweifel oder Bedenken nach innen nimmt, und zu Gott oder dem Selbst sagt: „Hier sind sie, ich weiß auch nicht, was ich damit machen soll!“ Sie akzeptieren Ihre Zweifel, Schmerzen und Bedenken, weil Sie sie mit Ihrer Tiefe verbinden können. Und Sie warten, was passiert.

Indem Sie nun in dieser Offenheit verharren, erleben Sie – immer wieder –, dass Sie eine neue „Einstellung“ zu den Dingen gewinnen. Sie wird aus Ihrer eigenen Tiefe geboren. Auf einmal erkennen Sie spielerisch, ganz leicht, was die Lösung ist und wie Sie wieder „ins Spiel“ kommen. „Das Sinken geschieht um des Steigens willen“, sagt Sri Aurobindo. Ich würde sagen: „Den Tiefgang haben wir um der Leichtigkeit willen bekommen!“

Es kann sein, dass es Ihnen nicht sofort gelingt, aus jedem Kommentar gleich viel Inhalt herauszuholen. Und doch sollten Sie ihn nutzen, ihn auspressen wie eine Zitrone, als Ihre Tagesration. Am besten bewerkstelligen Sie dies, indem Sie den jeweiligen Tageskommentar wieder und wieder lesen und sich fragen:

- Was ist mit diesem Tageskommentar eigentlich gemeint?
- Was bedeutet dieser Tageskommentar für das Leben?
- Was bedeutet dieser Tageskommentar für MEIN Leben?

Wenn Sie so verfahren, erzielen Sie aus dem Tageskommentar einen theoretischen und praktischen Nutzen – Sie üben sich darin, Wissen konkret auf Ihre Lebensumstände zu beziehen, sodass Sie – um es mit dem Motto des 3. September zu sagen – „im Spiel bleiben“!

Wie man mit der „Tagesaufgabe" arbeitet

Die „Tagesaufgabe" finden Sie jeweils am Ende jedes Tagesblattes. Sie lautet beispielsweise für den 3. September:

Heute will ich ganz bewusst eine spielerische Einstellung zu den Dingen gewinnen, insbesondere zu eigenen Projekten und denen anderer.

Die „Tagesaufgabe" zeigt sich so erst einmal als ein Vorsatz, den Sie sich einprägen und immer wieder als Leitmotto Ihres Handelns wählen sollten. Sie wissen jetzt, warum es so wichtig ist, eine spielerische Einstellung zu haben – damit Sie nicht Spielfigur, sondern Spieler sind.

Daher sollten Sie heute auf die „Zufälle des Tages" achten und ganz bewusst wahrnehmen, welche Verbindung diese Zufälle mit dem „Tagesthema" haben. Wenn Sie wollen, können Sie morgens die Bewältigung der „Tagesaufgabe" mental vorauserleben. Dies bedeutet, dass Sie sich gedanklich ganz genau vorstellen, wie Sie genau das bewerkstelligen, was die „Tagesaufgabe" vorsieht, im Fall des 3. September:

Heute will ich ganz bewusst eine spielerische Einstellung zu den Dingen gewinnen, insbesondere zu eigenen Projekten und denen anderer.

Also stellen Sie sich vor, wie die Dinge des Tages auf Sie zukommen und Sie spielerisch mit ihnen umgehen.

Am Tagesende bei Ihrer Tagesrückschau lassen Sie den Tag vor Ihrem geistigen Auge noch einmal vorüberziehen. Sie fragen sich, inwieweit Sie die „Tagesaufgabe" erfüllt haben. Dort, wo Sie sie nicht oder nur bedingt verwirklichen konnten, dort stellen Sie sich vor, wie Sie GÜNSTIGSTENFALLS hätten handeln können. Durch dieses „mentale Umerleben" wird das richtige Verhalten im Unterbewusstsein verankert.

Neben den „Tagesaufgaben", die sich über den ganzen Tag erstrecken, werden Sie auch manchmal Bewusstseinsübungen, wie beispielsweise ganz gezielte Meditationen, Kontemplationen oder Gebete, finden. Sie sollten sich in diesem Fall einen ganz konkreten Zeitpunkt einräumen, an dem Sie sich ausschließlich auf diese Bewusstseinsübung konzentrieren. Am besten vollziehen Sie die Übung direkt, nachdem Sie die „Tagesaufgabe“ zur Kenntnis genommen haben, beispielsweise direkt nach dem Aufstehen. So legen Sie bereits am frühen Morgen das Fundament für einen sinn- und erfolgserfüllten Tag und für ein sinn- und erfolgserfülltes Leben. Beginnen Sie damit heute, denn:

Auch eine Reise von 1.000 Meilen
beginnt mit einem ersten Schritt!

Wie man sich Lösungen im Überbewusstsein „einfallen“ lässt!

Das Überbewusstsein ist der Teil, der umfassender als unser Tagesbewusstsein ist. Er hat zudem eine überpersönliche Qualität, sieht stets das Ganze und kann deshalb auch als unser höchster Weisheitsaspekt angesehen werden.

Drei einfache Schritte ermöglichen es, mit diesem Weisheitsaspekt in Kontakt zu kommen:

Der erste Schritt:

Sie machen sich die Tatsache bewusst, dass die Lösung für Ihre Aufgabe, die richtige Entscheidung, die Antwort auf die Frage (in dem Fall die Umsetzung Ihres „Spruch des Tages“) bereits existiert und nur darauf wartet, dass Sie bereit sind, sie in Ihr Bewusstsein treten zu lassen.

Der zweite Schritt:

Sie formulieren nun ganz präzise Ihre Frage und wiederholen mehrmals Ihren Wunsch. Beides sollten Sie dabei so einfach wie eben möglich, aber unmissverständlich ausdrücken. Damit wählen Sie aus den allumfassenden Möglichkeiten die Information aus, die Sie derzeit brauchen. Für den Kalender bedeutet dies: „Wie setze ich die heutige Tageslosung angemessen um?“

Der dritte Schritt:

Sie erfüllen Ihr Bewusstsein mit dem Glauben, dass die Antwort Sie sicher erreicht und Sie sie auch wahrnehmen. Dieser Glaube ist eine bestimmte energetische Schwingung, die unweigerlich das Gewünschte anzieht, aber auch nur das. Was Sie nicht glauben können, können Sie auch nicht wahrnehmen. Sie können sich mit der Vorstellung erfüllen, dass die Antwort Sie zu einer bestimmten Zeit erreicht oder nach einem bestimmten Empfangsritual, beispielsweise am nächsten Morgen, sobald

Sie den Kalenderspruch gelesen und den ersten Schluck getrunken haben.

Oder auch sofort, sobald Sie einen bestimmten Auslöser betätigen. Sie schaffen sich dazu ein bestimmtes Empfangsritual und machen sich so empfangsbereit. Das Ganze können Sie auch abends vor dem Schlafengehen mental vorauserleben. (Den Seinen gibt's der Herr im Schlaf.)

Sie wissen, dass das Ergebnis als Bild, Stimme, Symbol, Gefühl, als „Innere Gewissheit“ in Ihr Bewusstsein treten kann. Auch als Idee, Impuls, Chance oder Zufall. Sie machen sich also auf ALLEN Frequenzen empfangsbereit oder bestimmen eine genaue Frequenz, auf die Sie sich „einstellen“.

Januar
Geistige Gesetze

1

Der Wirklichkeit ist es egal, ob sie als wissenschaftlich gilt oder nicht, sie heißt Wirklichkeit, weil sie wirkt – denn sie wirkt einfach.

Unsere Wissenschaft stellt Tatsachen und Umstände fest und orientiert sich daran. Doch was sind Tatsachen? Sie sind „Sachen der Tat"! Und was sind Umstände? Dinge, die „um uns herum stehen". Etwas völlig anderes ist Wirklichkeit: Die durch uns und durch alles wirkende Kraft, die das ganze Universum organisiert. Wir kleben viel zu wenig an Tatsachen und Umständen – und viel zu wenig an dem, was wirkt.

Heute will ich mich mit der „Wirklichkeit", mit dem, was wirkt, verbinden!

2

Es genügt nicht, zu wissen, dass das Leben ein Spiel ist, ich muss auch die Spielregeln kennen und beachten. Erst dann wird das Spiel des Lebens wirklich ein Spiel.

Solange wir vom „Wahn des Ichs“ besessen sind, können wir nicht erkennen, in welcher wunderbaren Harmonie das ganze Weltall aufgebaut ist. Durch Beobachtung der Gestirne, Planeten, Schwerkraft oder chemischer Versuche erfahren wir etwas über die Gesetze, nach denen die stoffliche Welt aufgebaut ist. Sobald wir uns und das Leben um uns herum losgelöst von uns selbst betrachten, erkennen wir die Gesetze, nach denen sich zwischenmenschliche Beziehungen und das, was wir Schicksal nennen, gestalten.

Heute will ich meine Lebensumstände bewusst beobachten.

3

Das Leben ist ein Spiel, das ohne Kenntnis der geistigen Gesetze nicht erfolgreich gespielt werden kann.

Erfolg ist eigentlich die Belohnung dafür, dass ich ein geistiges Gesetz erkannt habe und danach lebe. An meinem Erfolg erkenne ich sehr klar, was „erfolgt“ ist aufgrund meines „so Seins“. Kenntnis und Können hängen eng miteinander zusammen. Es reicht nicht aus, etwas über geistige Gesetze gelesen zu haben. Ich muss täglich bereit sein, von meinem Lehrer „Dr. Alltag“ zu lernen.

Heute will ich meine Fertigkeiten im stimmigen Umgang mit Lebenssituationen entwickeln.

4

Wie ich in der Fahrschule als Basis die Theorie lerne, so sollte ich auf gleiche Weise die geistigen Gesetze kennenlernen.

Es gibt Gesetze der Naturwissenschaften, menschengemachte Gesetze und geistige Gesetze. Ein natürliches Gesetz ist zum Beispiel die Schwerkraft, die einen Apfel dazu bringt, vom Baum herunterzufallen. Ein menschengemachtes Gesetz ist beispielsweise die Straßenverkehrsordnung: Wer sie nicht beachtet, wird im Dienste des Allgemeinwohls bestraft, im Extremfall mit Führerscheinentzug. Und es gibt geistige Gesetze. Dies sind „Energiegesetze“, die unbewusst wirken, ob wir daran glauben oder nicht. Das bekannteste geistige Gesetz ist vielleicht das Gesetz von „Ursache“ und „Wirkung“: Jeder Gedanke, jedes Wort, jede Tat ist eine Ursache, der eine entsprechende Wirkung folgt. Gute Gedanken, Worte, Taten führen zu guten, schlechte zu unguten Lebensumständen. Eines der schönsten geistigen Gesetze ist das Gesetz der Liebe: Liebe verwandelt alles, was sie berührt, ins Positive. Im Klartext bedeutet dies: Wenn Sie einen Menschen in Ihrem Umfeld haben, der Sie malträtiert und Sie lieben ihn, werden Sie erleben, wie dieser Mensch sich im Verhalten zu Ihnen ins Positive wandelt.

Heute will ich mir das geistige Gesetz der Liebe bewusst machen und nach ihm leben.

5

Die ganze Schöpfung ist eine Offenbarung des Einen, der zum „Spiel des Lebens" in die Materie gegangen ist. Alles Leben ist das Spiel des Einen mit sich selbst.

Alle Weisheitslehren besagen, dass wir von dem anderen nicht getrennt sind. Die Trennung zwischen „ich" und „du" ist eine Illusion. Indem ich den anderen nicht schlechter behandle als mich selbst, komme ich mit den geistigen Gesetzen in Tuchfühlung.

Heute will ich liebevoll mit meinem Nächsten umgehen.

6

Die Natur selbst muss als ein lebendiger Organismus gesehen werden. Sie verfolgt einen Zweck und besitzt eine tiefe Internationalität.

Rupert Sheldrake spricht über ein „morphogenetisches Feld“, das uns alle umgibt und mit dem wir in Kontakt kommen können. Das, was wir Glück nennen, ist nicht Glückssache, sondern in Wahrheit eine „Unterstützung durch die Naturgesetze“. Glück ist lernbar: Sobald wir die Ganzheitlichkeit in allem Sein ehren, beginnen wir Glück zu haben. Glück zu haben ist nichts anderes als Ganzheitlichkeit, also gelebte Stimmigkeit.

Heute will ich mich um ganzheitliches Denken bemühen.

7

Solange ich meinen Vertrag mit der Natur einhalte, solange vollbringt auch die Natur ihren Teil.

Was ist der Vertrag, den ich mit der Natur geschlossen habe? Jesus beschreibt diesen Vertrag mit folgenden Worten: „Liebe Gott den Herrn und deinen Nächsten wie dich selbst!“ Das heißt, sich selbst und seinen Nächsten mit der gleichen Intensität zu lieben, wie wir Gott lieben. Genauer gesagt, den Nächsten und sich selbst ALS Gott zu lieben. Dann sind wir im Einklang mit den Naturgesetzen.

Heute will ich die Natur allen Seins ehren, wo immer ich sie finde.

8

Um die Natur zu beherrschen, muss ich lernen, ihr zu gehorchen.

Wer herrschen will, muss dienen können. Jesus sagt: „Der Größte unter euch soll aller Diener sein!“ Er bezeugt damit zugleich: Derjenige, der allen dient, zeigt damit, dass er der Größte ist. Größe ist kein Machtanspruch. Wahre Größe ist Demut, genauer gesagt „Dienmut“, das bedeutet Mut haben, allem zu dienen. Wie aber diene ich? Indem ich gehorche, indem ich „horche“, der „Sprache des Lebens“ (und Gottes) lausche, statt den lärmenden Stimmen meines Verstands und meines Egos.

Heute will ich in mich hineinhorchen und erspüren, was das Leben von mir erwartet.

9

Den Einklang mit der Schöpfung erlebe ich als Wohlgefühl, Lebensfreude, Vitalität und Gesundheit.

Gott sei Dank können wir Menschen Schmerzen empfinden. Könnten wir dies nicht, hätten wir keine Möglichkeit, unser Bewusstsein zu verfeinern. Indem wir den Schmerz, ja sogar das kleinste Unwohlsein als Anlass nehmen, unser Bewusstsein zu vervollkommnen, bewegen wir uns weg von einem Leben, in dem wir gestoßen und getreten werden, hin zu einem Leben voller Wohlgefühl. Wir reagieren bereits auf die zarten Schubser im Leben und vermeiden so die harten Rempler.

Heute will ich meine Feinfühligkeit trainieren.

10

Je mehr ich „stimme", desto mehr ziehe ich nach dem Gesetz der Resonanz die Dinge an, die ebenfalls stimmen, die jetzt zu mir gehören.

Wir sind konditionierte Wesen – erst einmal. Und so erleben wir im Außen auch erst einmal die Widerspiegelungen unserer Konditionierungen, Muster, Vorlieben. Und dann blitzt manchmal dieses Gefühl von totaler Stimmigkeit auf, von Einssein mit der ganzen Schöpfung. Indem wir diese Stimmigkeit als Maßstab nehmen, lösen wir uns von unseren Konditionierungen. Unsere Umstände verändern sich dadurch dramatisch – zum Positiven!

Heute will ich mich bewusst an meine innere Stimmigkeit erinnern.

11

Ich muss nicht mehr suchen, ich werde gefunden.

Der Satz klingt paradox. Denn auf der einen Seite sagt Jesus: „Suchet. So werdet ihr finden!" Und auf der anderen Seite wissen wir: „Sucher suchen, Finder finden!" Wie also gelangen wir vom Suchen zum Finden? Zuerst einmal muss ich mich auf die Reise begeben. Das bedeutet zu suchen. Ich mache „Erfahrungen", ich fahre einen Weg ab. Und da ich irgendwann erkenne, dass der Sucher selbst das Hindernis darstellt, muss ich mich völlig hingeben, dem Leben und Gott, um gefunden zu werden.

Heute will ich mich dafür öffnen, Geschenke vom Leben zu erhalten.

12

Jeder lernt – entweder auf dem königlichen Weg der Erkenntnis oder auf dem üblichen Weg durch Krankheit und Leid.

Jesus sagt so schön: „Trachtet zuerst nach dem Reich Gottes!“ Wenn ich nach „Erkenntnis“ trachte, also danach, „Ihn“ kennenzulernen, dann gilt all mein Sehnen der Stimmigkeit, der richtigen Anwendung der Gesetze, die Gott geschaffen hat. So komme ich in Harmonie mit dem Leben und mit mir selbst. Krankheit und Leid sind nur dort notwendig, wo ich nicht bereit bin zu lernen oder mir mein Fehlverhalten nicht bewusst ist.

Heute will ich einmal auf meine Zipperlein achten und sie fragen, was sie mir sagen wollen.

13

Wenn ich an meinem Auto lange Freude haben will, muss ich es richtig bedienen. Genauso verhält es sich mit meinem Bewusstsein.

Das Bewusstsein ist sehr fein strukturiert. Und hätten wir das nötige Unterscheidungsvermögen, würden wir erkennen, wie differenziert wir unser Bewusstsein einsetzen können. Indem wir „Bewusstheit" mit unserem Bewusstsein verbinden, lernen wir immer besser mit ihm umzugehen, so wie wir ein Auto mit fortwährender Fahrpraxis immer besser bedienen.

Heute will ich Bewusstheit in meine Lebens- und Denkpraxis einbringen.

14

Verantwortlich sein heißt, dass ich selbst die Wirkung meiner Gedanken und Handlungen auf die Leute um mich herum, auf meine Welt und das Universum mit in Betracht ziehe.

Die moderne Psychologie hat einen sehr interessanten Begriff geprägt: „Selbstwirksamkeit." Forschungen bezeugen, dass sich die meisten Kriminellen und sozialen Absteiger ihrer Selbstwirksamkeit, das heißt der Tatsache, dass sie permanent Wirkungen erzeugen, nicht bewusst sind. Indem ich meine Selbstwirksamkeit erkenne, steigt meine Selbstverantwortung – und das macht mich glücklich: Weil ich etwas ändern kann in mir und der Welt.

Heute beobachte ich ganz bewusst, wie sich die Menschen und Umstände um mich herum durch mein Verhalten kurz- und langfristig verändern.

15

Wenn das Universum die reine Intelligenz darstellt, dann reagiert es auf meinen geistigen Zustand.

Die neuesten Forschungen der Quantenphysik beweisen uns mittlerweile, dass es „Materie“ im eigentlichen Sinne gar nicht gibt, sondern nur „organisierte Intelligenz“. Solange ich als „hautverkapseltes Ego“ durch die Lande stiefele, erlebe ich meine Welt als reine Stofflichkeit, sozusagen als dumm: „Nichts ändert sich, alles bleibt, wie es ist.“ Sobald ich erkenne, dass ich aus dem gleichen Geist gemacht bin wie alles Dasein, habe ich den Hebel für mein Wirken in der Welt in der Hand.

Heute will ich ganz bewusst mein hautverkapseltes Ego loslassen und mich einmal mit einem Menschen, einem Tier, einer Pflanze oder einem Stein verbinden.

16

Wir nennen diese Welt KOSMOS, das bedeutet ORDNUNG. Wir sind eingebettet und durchdrungen von dieser Ordnung. Wir sind ein Teil dieser Ordnung und wir sind auch in Ordnung.

Wir sagen so gerne „Der Fritz (die Anneliese) ist echt in Ordnung", ohne uns bewusst zu sein, was dies eigentlich bedeutet. Wir meinen damit vielleicht, dass jemand ein toller Kumpel oder sympathisch ist. Im Grunde genommen bezeugen wir damit jedoch, dass der andere ein Teil der größeren Ordnung ist. Jeder, so wie er IST, ist in Ordnung und somit ein Teil des „großen Ganzen".

Heute will ich mir bewusst einmal einen Menschen vornehmen, mit dem ich Schwierigkeiten habe, und überlegen, was ich an ihm „in Ordnung" finden könnte.

17

Von meinem wahren Wesen her lebe ich im Einklang mit der Schöpfung.

Der Einklang mit der Schöpfung, den wir suchen, ist nichts, wofür man sich verbiegen oder „ein Bein ausreißen" müsste. „Gott ist dir näher als dein Hemd", sagen die Wissenden. Das ist das Schöne an der Schöpfung, dass ich mich nicht „verstellen", sondern nur in Einklang mit „mir selbst" kommen muss, um mit ihr in Harmonie zu gelangen.

Heute will ich mich auf die Handlungen und Gedanken konzentrieren, die meinem „wahren Wesen" entsprechen.

18

Wenn ein anderer Sie kritisiert oder betrügt, hat der andere und nicht Sie dafür die Folgen zu tragen. Stellen Sie sich einmal vor, wie ökonomisch das ist! Sie brauchen nicht den kleinsten Finger zu rühren, um sich zu rächen.

Jede Kritik, jede üble Nachrede, jeder Betrug betrifft nur unser Ego, niemals unser wahres Selbst. Werden wir kritisiert, sollten wir deshalb nicht aufgeblasen reagieren, sondern prüfen, ob wir etwas verbessern können, also ob die Kritik SACHLICH berechtigt ist. Dann hat der andere uns – ob er wollte oder nicht – damit einen Dienst erwiesen. Erweist sich die Kritik als unberechtigt, irrt sich der andere in mir – doch das ist SEIN Problem.

Heute will ich einmal bewusst Kritik liebevoll annehmen und überprüfen, wo ich etwas verbessern kann.

19

Der Kosmos ist so organisiert, dass jede Reaktion unfehlbar auf den Urheber der Aktion zurückfällt.

Jesus sagt so schön: „Wir sehen den Splitter im Auge des anderen, aber den Balken im eigenen Auge sehen wir nicht!“ Wenn wir das Leben und seine Folgerichtigkeit beobachten, erkennen wir, dass jeder das ausbadet, was er durch seine Gedanken und Handlungen gesät hat. Doch es ist sinnlos, dies anderen zu predigen. Wir tun viel besser daran, unser eigenes Leben zu bereinigen. Dann sind wir ein positives Beispiel für Selbstbereinigung.

Heute will ich mir bewusst einmal einen Umstand oder ein Ereignis meines Leben prüfend ansehen und dafür die Selbstverantwortung übernehmen.

20

Das Gesetz von Aktion und Reaktion ist wirklich genial. Es beinhaltet nämlich noch folgende Konsequenz: Ich kann mir selbst nichts Besseres angedeihen lassen, als einem anderen das Beste zu wünschen.

Ein indisches Sprichwort sagt: „Sei wie die Kokospalme – wirft jemand einen Stein gegen sie, gibt sie eine köstliche Frucht zurück." Indem Sie jeden, der Ihnen mit unguten Gedanken begegnet, segnen, das heißt, ihm aufrichtig nur das Beste wünschen, kommt nicht der negative Gedanke des anderen, sondern der Segen auf Sie zurück. Segnen ist „geistiges Ju-Jutsu", mit dem Sie jeden unguten Gedanken aufs Kreuz legen können.

Heute denke ich bewusst einmal an einen Menschen, der mir Übles gewünscht hat, und segne ihn, und ich sehe daraufhin in meinem inneren Bild, wie er selbst von seinen Leiden geheilt und glücklich ist.

21

Was immer ich einem anderen antue, das kommt zu mir zurück. Das war der Grund, weshalb Jesus sagen konnte: „Wenn dich einer auf die linke Wange schlägt, dann biete ihm auch die rechte dar." Wenn ich nämlich zurückschlage, dann erweise ich mir selber absolut keinen Dienst, da alles wieder zu mir zurückkommt.

Die andere Wange hinzuhalten ist kein Masochismus, sondern ein geistiges Gesetz. Wenn es mir gelingt, auf Misshandlungen keine innere Resonanz zu zeigen, werden sie nicht lange andauern. Ich selbst bin dann frei und das Leben schafft für mich irgendeine Lösung – während der andere das Problem immer noch mit sich herumträgt.

Heute will ich mich bewusst schädlicher Handlungen, Gewalt und persönlicher Angriffe enthalten.

22

So seltsam es klingt: Der größte „Egoist“ ist jener, der den anderen möglichst viel Gutes tut! Und umgekehrt: Derjenige, der nur an sich denkt, der den anderen nichts gönnt, der schadet sich am meisten.

Jesus sagt: „Wer da hat, dem wird gegeben. Wer da aber nicht hat, dem wird das Wenige, was er hat, noch genommen.“ Wenn ich in Kontakt bin mit meinem inneren Selbst, dann erlebe ich den Quellborn der Fülle, der durch mich seinen Ausdruck sucht. Dieser Quellborn möchte fließen, sich in die Welt ergießen. Wenn ich anderen nichts gönne, dann doch deshalb, weil ich an Mangel glaube – und dieser wird zuerst bei MIR selbst spürbar.

Heute will ich einmal ganz bewusst aus mir heraus eine „gute Tat“ vollbringen.

23

Was wünsche ich mir für mein Leben? Gesundheit, Wohlstand, Erfolg? Dann kann ich nichts Besseres tun, als dies möglichst allen Menschen zu wünschen.

Jeder Gedanke, den ich einem anderen Menschen schicke, geht zuerst durch meine eigenen Gehirnwindungen und „informiert" dadurch mein gesamtes Zellsystem. Wenn ich jemand anderem Misserfolg wünsche, geht zuerst die Energie von Misserfolg durch meinen Geist und prägt MICH, bevor dieser Gedanke den anderen erreicht. Wenn ich dem anderen Gesundheit, Wohlstand und Erfolg wünsche, stimme ich mich SELBST auf diese Qualitäten ein.

Heute denke ich bewusst einmal an einen Menschen, der dringend Erfolg braucht, und sehe statt seiner (vielleicht schwierigen) Lebensumstände sein strahlendes, schönes Selbst.

24

Verantwortlich zu sein bedeutet, dass meine Ziele sowohl für mich als auch für den Planeten gut sind. Ein anderes Wort dafür könnte „ökologisch“ lauten, denn die Ökologie zeigt die Wirkungen meiner Handlungen auf das größere System auf.

Ein Großteil des Missstands, den wir vorfinden, liegt in der mangelnden „Ökologie“ unserer Gedanken und Handlungen und damit auch in unserer Unfähigkeit, bei allem, was wir denken, sehen und planen, das „größere Ganze“ zu berücksichtigen. Wenn wir eigenwillig „schöpfen“, dürfen wir uns nicht wundern, dass wir eines Tages von der Außenwelt isoliert sind. Eigenwilligkeit kann langfristig weder glücklich machen, noch zu Erfolg führen.

Heute werde ich einen Lebensbereich daraufhin überprüfen, ob meine Einstellung, Gedanken und Handlungen für das Ganze „stimmig“ sind und ob ich sie gegebenenfalls ändern sollte.

25

Gesundheit ist Gesinntheit. Auf der körperlichen Ebene tritt dies als Gesundheit, Kraft, Vitalität, Potenz, Fitness und Wohlgefühl in Erscheinung. Auf der seelischen Ebene als Lebensfreude, Harmonie und Glück. Auf der geistigen Ebene als Erkenntnis, Weisheit und Erleuchtung.

Die wenigsten Menschen sind sich ihrer Gesinnung bewusst. Wonach „sinne" ich? Wonach trachte ich? Mein Sinnen muss zunächst mir selbst gelten, so wie ein Bogenschütze den Pfeil erst zu sich heranziehen muss, bevor er ihn auf sein Ziel abschießt.

Heute will ich mir bewusst machen, wo ich nach etwas anderem sinne als nach mir (dem) selbst, und es wieder in Stimmigkeit bringen.

26

Alles Geschehene gehorcht dem Gesetz von Ursache und Wirkung. Das, was ich Zufall nenne, ist nur ein Ausdruck für das Unbekannte.

Der Zufall ist immer unbekannt, aber nicht unverursacht. Dies möchte fein unterschieden werden: Wenn ich dem Leben vorschreibe, WIE es meine Erwartungen und Vorstellungen zu erfüllen hat, versuche ich die Schöpfung zu vergewaltigen, was sie sich nicht gefallen lässt. Wenn ich dahingegen eine innere Richtung im Leben habe, die Einzelheiten jedoch offen lasse, dann kann die Schöpfung durch mich spielen.

Heute will ich offen sein für die Zufälle des Tages.

27

Alle Dinge sind ganz eng und unendlich miteinander verknüpft.

Ein Wissenschaftler bewies einmal: „Wenn in Grönland eine Fliege hustet, beeinflusst dies das Klima in Mitteleuropa!" Wir alle stehen in wechselseitiger Resonanz. Wir leben in einer „interdependency", einer wechselseitigen Abhängigkeit voneinander. Mit jedem unserer Gedanken und Taten wirken wir auf das Ganze ein, und deshalb sollten wir sie stets mit dem Ganzen in Einklang bringen.

Heute will ich mir einmal bewusst machen, mit wem oder was ich in einer wechselseitigen Beziehung stehe, und diese achten.

28

Mein Leben ist wie die ganze Schöpfung durchdrungen von einer inneren Ordnung.

Das Wort „Kosmos“ ist griechisch und bedeutet „Ordnung“. So wie die Planeten um die Sonne kreisen und die Sonnensysteme sich innerhalb der Milchstraße in einer gewissen Ordnung bewegen, so bewegen sich auch die Elektronen, einer inneren Ordnung gehorchend, um die Atomkerne. Wir finden diese Ordnung überall. Sie ist Ausdruck von dem Wirken des einen großen Geistes. Wir Menschen haben das Geschenk des eigenen Willens bekommen – damit wir aus unserer Eigenwilligkeit lernen und bewusster Mitgestalter dieser Ordnung werden.

Heute will ich mir eine Blume oder ein Blatt ansehen und über ihre innere Ordnung nachsinnen – denn nach so einer Ordnung bin auch ich aufgebaut!

29

Der allgemeine Sinn des Lebens ist es, die Vollkommenheit meines wahren Wesens immer vollkommener zum Ausdruck zu bringen. „Ihr sollt vollkommen sein, wie auch der Vater im Himmel vollkommen ist."

Wenn Jesus uns zur Vollkommenheit ermuntert hat, dann ist sie nichts Fremdes, was wir uns von außen aufpfropfen sollen. Diese Vollkommenheit ist Ausdruck unserer Selbstentfaltung, wenn wir beginnen, aus unserem Inneren zu schöpfen und Gott dort zu suchen, wo wir ihn finden können: In uns(erem) selbst!

Heute will ich mir einmal einen „vollkommenen Augenblick" meines Lebens bewusst machen, einen Augenblick, in dem ich „Vollkommenheit" erlebt habe.

30

Ich bin nackt gekommen und werde nackt wieder gehen. Das Einzige, was ich mitnehmen kann, sind Erkenntnis, Liebe und Weisheit.

Wir trachten so häufig nach Dingen, die eigentlich nebensächlich sind. Und viel zu selten betrachten wir unsere Lebensereignisse aus dem Blickpunkt der Ewigkeit heraus. Carlos Castaneda empfiehlt daher seinen Lesern, bei allen Entscheidungen den Tod um Rat zu fragen. Dies bedeutet, sich vorzustellen, man würde auf seinem Sterbebett liegen und rückblickend auf sein Leben schauen. Aus dieser Bewusstheit können wir wahrnehmen, durch welche Entscheidungen und Handlungen wir „Schätze der Ewigkeit" ansammeln.

Heute will ich mein Wirken einmal ganz bewusst in den Dienst der Ewigkeit stellen.

31

Der Gedanke formt die Gewohnheit, die Gewohnheit den Charakter, der Charakter das Schicksal. Der Beginn liegt also im Gedanken.

Der Schritt vom Gedanken zur Tat ist für viele Menschen eine der schwersten „inneren Funktionen“ überhaupt. Wir meinen meist, es würde ausreichen, sich gute Gedanken zu machen. Doch was nützt es, wenn diese Gedanken nicht zu Handlungen führen? So wie ein Same nur keimen kann, wenn er auf fruchtbaren Boden fällt, so nützt ein guter Gedanke nur etwas, wenn er in eine entsprechende Handlung überführt wird.

Heute will ich ganz bewusst etwas Gutes denken und es in eine entsprechende Handlung überführen.

FEBRUAR
GEDANKENDISZIPLIN

1

Die Wirklichkeit ist nur ein „Spiegelbild“: Im Außen spiegelt das Leben das wider, was in mir ist.

Das, was uns im Außen am meisten stört, ist genau das, was wir AN UNS nicht leiden können. Stören uns besonders arrogante Menschen, ist es unsere EIGENE Arroganz, die widergespiegelt wird. Ärgern wir uns über die Dummheit anderer, weist dieser Spiegel auf einen Teil IN UNS hin, der nicht verstehen will. Und wenn uns Lieblosigkeit belastet, zeigt uns dies, dass wir SELBER von der „wahren Liebe“ noch entfernt sind.

Heute will ich ganz bewusst einmal darauf achten, was mir im Leben begegnet, und in den schönen wie unschönen „Zufällen“ mich selbst erkennen.

2

Um ein Ziel zu verwirklichen, sollte ich „vom Ziel aus“ denken, denn so zeigt sich klar, was zu tun ist.

Einstein sagte einmal: „Ein Problem kann nicht auf der Ebene gelöst werden, auf der es entstanden ist.“ Um ein Ziel zu verwirklichen, müssen wir also „das Undenkbare denken“, uns mit Hilfe unseres Denkens wie Münchhausen am eigenen Schopf aus dem Sumpf ziehen. Die Strategie ist daher wie folgt: Ich stelle mir den erwünschten Endzustand vor und lasse von dort aus meinen eigenen Lebensfilm bis zu dem Zeitpunkt rückwärts laufen, an dem ich die entscheidende Ursache für diesen Erfolg gesetzt habe. Diese Gedanken und Handlungen betrachte ich genau und handle im Jetzt entsprechend.

Heute will ich einmal ganz bewusst die „Erinnerung an die Zukunft“ pflegen und vom Ziel aus rückwärts denken.

3

Das Leben akzeptiert jedes Bild, dem ich Aufmerksamkeit schenke, und lässt es als äußere Wirklichkeit „in Erscheinung treten".

Die Wissenden sagen, dass der Mensch nach dem Tode an den Ort gelange, den er am eifrigsten imaginiert habe. Es ist deshalb nicht gleichgültig, mit welchen Bildern ich mein Unterbewusstsein füttere, was ich an Fernsehen und Literatur konsumiere.

Heute will ich einmal ganz bewusst meine Fernseh- und Lesegewohnheiten daraufhin überprüfen, ob sie meinen Lebensabsichten dienen.

4

Meine selbst kreierte innere Bilderwelt schafft die entsprechenden Lebensumstände.

Die ganze Welt ist magnetisch aufgebaut. Da wir uns von ganz bestimmten Menschen und Lebensumständen angezogen fühlen, erleben wir sie. Auch wenn wir uns dessen nicht bewusst sind: Wir haben einen Magnetismus, der wirkt – und zwar permanent. Der eine Teil dieses Magnetismus ist karmisch bedingt, beispielsweise aufgrund unserer Vergangenheit. Den anderen können wir ändern – indem wir wünschenswerte innere Bilder pflegen.

Heute will ich einmal ganz bewusst ein positives Bild pflegen und im Bewusstsein halten.

5

Das Leben ist einfach zu wichtig, um es dem Zufall zu überlassen.

Jeder Tag ist kostbar, denn er ist der erste Tag vom Rest meines Lebens. Und an seinem Ende werde ich mir selbst gegenüber Rechenschaft ablegen über die gelebten Tage. Jeder Mensch erhält täglich 24 Stunden Zeit; was er damit anfängt, ist seine Sache.

Heute will ich den Tag ganz bewusst schöpferisch nutzen.

6

Dorthin, wo ich meine Aufmerksamkeit hinlenke, fließt meine schöpferische Energie.

Das ganze Leben ist eine Schulung der Aufmerksamkeit – wenn ich sie beherrsche, beherrsche ich die (meine) Welt. Doch die wenigsten Menschen können dies, da sie sich permanent ablenken lassen, und so fällt unser wertvollstes Gut, die Aufmerksamkeit, den Tagedieben Gier, Dumpfheit und Gleichgültigkeit zum Opfer.

Heute will ich einmal ganz bewusst beobachten, ob meine Aufmerksamkeit fremd- oder eigengesteuert ist.

7

Ich sollte nie meine Aufmerksamkeit länger als wenige Sekunden auf etwas gerichtet halten, dass ich nicht wirklich haben will. Statt etwas Unerwünschtes denke ich besser „Das ... hätte ich gerne so ...“ und male mir den erwünschten Endzustand aus.

Die Tagediebe der Aufmerksamkeit stehlen uns Tag für Tag wertvolle Gedanken. Dies geschieht deshalb, weil wir das Negative verdrängen oder blind agieren, statt es durch die Kraft unseres Geistes umzuwandeln. Indem wir dem Negativen, wenn es auftaucht, zunächst einmal ganz bewusst unsere volle Aufmerksamkeit schenken, um sie dann ganz bewusst vom Negativen ab- und auf einen erwünschten Endzustand umzulenken, verwandeln wir unser Leben.

Heute will ich einmal ganz bewusst meine volle Aufmerksamkeit kurz auf etwas lenken, was noch zu verbessern wäre, und sie dann auf Erwünschtes lenken.

8

Ich besitze etwas, über das die übrige Natur nicht verfügt: Die Fähigkeit zu denken, die Möglichkeit der Imagination und die Kraft der Aufmerksamkeit. Mit diesen fast unbegrenzten Möglichkeiten begreife ich mein ganzes Leben.

Die wenigsten Menschen nehmen ihre geistigen Fähigkeiten in Besitz. Die meisten Menschen sind wie ein Sechszylinder-Mercedes, der allerdings nur auf drei Zylindern läuft. Wir müssen lernen, uns vom „Gehirn-Besitzer" weiterzuentwickeln zum „Gehirn-Benutzer" und das gewaltige Potenzial des Denkens auf uns selbst zu lenken, statt uns permanent ablenken zu lassen.

Heute nehme ich einmal ganz bewusst meine geistigen Fähigkeiten in Besitz.

9

Die geistige Einstellung eines Menschen ist wichtiger als sein Leiden.

Hier geht es um Selbst-Optimierung. Ob mein Leiden mich zugrunde richtet oder meinem Dasein zur Blüte verhilft, liegt einzig und alleine daran, ob es mir gelingt, zu ihm die richtige „Einstellung“ zu finden. So wie sich die Zündkerzen eines Autos einstellen lassen, damit der Motor rund läuft, so kann ich auch mich selbst auf meine Lebenssituationen optimal einstellen – denn dann läuft auch mein Leben rund und geschmeidig.

Heute nehme ich mir einmal ganz bewusst eine Lebenssituation vor, die mich herausfordert, und entwickle zu ihr eine stimmige Einstellung.

10

Identifiziere ich mich mit einem Mangel, halte ich ihn in meinem Bewusstsein fest und er wird mir bleiben.

Wir müssen lernen, das Undenkbare zu denken und ein Selbstbild, das auf einem Mangel beruht, loszulassen. Wann immer ich denke „Ich kann nicht …“, „Es geht nicht, weil …“, „Ich habe nicht …“ identifiziere ich mich mit Gegebenheiten. Ich falle auf die Vorschläge meines Verstandes herein, der an althergebrachten Mängeln festhalten möchte – weil es so bequem scheint, dies zu tun. Wann immer ein Gedanke des Mangels in meinem Bewusstsein aufsteigt, sollte ich mich fragen, wer ich wirklich bin, und meinen Geist von dem Mangel befreien.

Heute will ich ganz bewusst einmal einen begrenzenden Gedanken loslassen und erkennen, dass ich mehr bin als dieser Mangel – alles ist möglich!

11

Identifikation mit dem Selbst schafft Wohlstand und Fülle.

Wir identifizieren uns permanent mit etwas, das wir nicht sind. Wenn wir uns fragen „Wer bin ich wirklich?“, begegnet uns dort grenzenloses Sein. Diese Frage aber muss ich mir dauernd und in jeder Lebenssituation stellen. Es ist also nicht gleichgültig, „als wer“ ich durchs Leben gehe, ob als Sohn oder Tochter, Bürger, Mensch, Opfer, Muster oder reines Sein – es ist für ALLES in jedem Augenblick entscheidend!

Heute will ich mich einmal ganz bewusst und immer wieder fragen, „als wer“ ich denke, fühle und handle.

12

Indem ich die bildhafte Vorstellung von dem, was sein soll (Finalbild), in den Schlaf hineinnehme, bleibt sie ungestört von anderen Eindrücken und verdichtet sich zur Wirklichkeit. So wird die Verheißung wahr: „Den Seinen gibt's der Herr im Schlaf."

Im Schlaf komme ich in Kontakt zu meinem Unterbewusstsein. Die letzten Gedanken, die ich vor dem Einschlafen habe, beeinflussen mein Traumgeschehen und meine nächtliche Kommunikation mit meinem Unbewussten. Während ich im Tagesgeschehen durch Gespräche, Telefonate, Tagesnotwendigkeiten beschäftigt bin, bin ich im Schlaf ganz bei mir selbst. Ich befinde mich in meinem inneren Asyl, aus dem heraus meine Finalbilder wachsen, blühen und gedeihen können.

Heute will ich beim Einschlafen einmal ganz gezielt mein Unterbewusstsein mit der Lösung beziehungsweise Arbeit an einem Herzensthema beauftragen.

13

Es genügt, ein Bild zu schaffen und auf dem geistigen Bildschirm einige Minuten festzuhalten, um es auf der geistigen Ebene zu verwirklichen.

Jeder bewusste Gedanke entspringt einem geistigen Schöpfungsakt. Während wir in der äußeren Welt auf staatliche Münz- und Geldprägeanstalten angewiesen sind, prägen wir mit Hilfe unseres Mentalcomputers unsere geistigen Münzen selbst. Indem wir uns ein stimmiges Bild der Erfüllung imaginär vor Augen halten und mit Herzensenergie beleben, erschaffen wir eine geistige Wirklichkeit, die sich in der materiellen Ebene ausdrücken kann.

Heute will ich einmal ganz bewusst ein Bild der Fülle denken und vor meinem geistigen Auge festhalten.

14

Ich selbst bin mein Richter, Wächter, Gefangener, und nur ich selbst kann mich jederzeit befreien.

Selbst wenn der größte Erlöser aller Zeiten vor uns stünde und uns unsere Erlösung anbieten würde – dann blieben wir weiterhin in Ketten, wenn wir sie nicht annehmen würden. Bevor Jesus einen Kranken heilte, fragte er sinngemäß: „Glaubst du?“ Der Sinn dieser Frage ist es, die Bereitschaft für Heilung und Erlösung zu prüfen. „Glaubst du?“ heißt soviel wie: „Bist du bereit zu erkennen, dass es das Selbst und nicht die Umstände sind, welche die Wirklichkeit gestalten?“

Heute nehme ich mir ganz bewusst einen Lebensbereich, in dem ich mich noch abhängig oder gefangen fühle, und befreie ihn durch die Wirklichkeit des Selbsts.

15

Sowie ich mein Denken über die Dinge ändere, wird sich auch mein Körper ganz automatisch verwandeln.

Mein Körper spiegelt originalgetreu meine bewussten und unbewussten Gedanken, Lebenseinstellungen und innere Haltungen wider. Dort, wo ich in meinem Körper ein Leiden oder einen Mangel verspüre, zeigt mir dies eindeutig, wo ich meine Gedanken, Einstellungen und Haltungen verändern sollte. Indem ich erforsche, worin die geistige Fehleinstellung liegt und durch welche „innere Haltung" sie ersetzt werden sollte, verändere ich meinen Körper substanziell.

Heute will ich mir einmal bewusst ein Symptom meines Körpers vornehmen und es fragen, wo und wie ich meine innere Haltung positiv verändern sollte.

16

Ich sollte anfangen, von meinen Gaben weisen Gebrauch zu machen.

Jeder Mensch ist mit einem ganzen Rucksack an Gaben ausgestattet worden. Indem ich diese Gaben „entwickle“, besser gesagt „auswickle“, entfalte ich mein Leben. Gaben und Aufgaben hängen nicht nur sprachlich zusammen: Es ist meine Aufgabe, meine Aufgaben mit Hilfe meiner Gaben zu bewältigen. Allerdings sollte ich hierbei auch weise mit meinen Gaben umgehen und sie nicht zur Egodarstellung missbrauchen, sondern sie klug für das große Ganze nutzen.

Heute mache ich mir eine Gabe bewusst und überprüfe, wie ich mit ihrer Hilfe meine Lebenssituation noch besser gestalten kann.

17

Viele gute, fähige und fleißige Menschen rackern sich ein Leben lang ab und sterben arm. Aber jeder schafft sich selbst ein inneres Bild seines Lebens, und so verwirklicht es sich auch. Das Leben akzeptiert JEDES Bild eines Schöpfers, das er im Bewusstsein hält, und sagt immer nur JA, JA, JA.

Wenn man vom „sich abrackern" reich werden würde, würden dies die Reichen nicht den Armen überlassen. Reichtum ist in erster Linie geistiger Reichtum, Armut in der Regel geistige Armut (auch „arm an Mut"). Es kann sein, dass jemand hoch spirituell, vielleicht sogar erleuchtet ist, aber ein Problem mit der Fülle, dem Wohlstand oder dem Geld hat. In diesem Fall gilt es, Frieden mit dieser Energie zu schließen und die dahinter stehenden Glaubenssätze zu verändern.

Heute will ich mich einmal ganz bewusst fragen, wie ich zu Fülle, Wohlstand und Geld stehe. Kann ich sie uneingeschränkt gutheißen – auch für mich?

18

Was würden Sie sagen, wenn Ihnen jemand einen Zauberstab gäbe, mit dessen Hilfe Sie alle unerwünschten Ereignisse Ihres Lebens jederzeit sofort ändern könnten? Nun, Sie haben diesen Zauberstab bereits, Sie sind damit geboren – aber nur wenige erkennen, was sie da zur Verfügung haben. Es liegt in Ihrer Aufmerksamkeit.

Unsere Aufmerksamkeit ist an die Welt gebunden. Und genau dort, wo sie gebunden ist, können wir unseren Zauberstab nicht schwingen, unsere Welt nicht verzaubern. „Löse und binde", lautet das Zauberwort. Indem wir uns darin üben, unsere Aufmerksamkeit von dem Unerwünschten abzuziehen und auf das Erwünschte zu richten, verändert sich unser Leben – augenblicklich!

Heute will ich einmal ganz bewusst meine Aufmerksamkeit von etwas Unerwünschtem abziehen und sie auf etwas Erwünschtes richten.

19

Wenn ich genau weiß, wohin ich will, kann ich auch erkennen, wie ich dahin komme.

Vielleicht kennen Sie die Geschichte von dem Mann, der in ein Taxi einsteigt und sagt: „Fahren Sie mich irgendwohin, ich werde überall gebraucht!" Manchmal lässt sich das Endziel noch gar nicht erkennen – das macht nichts. In einem solchen Fall sollten wir ein Zwischenziel wählen, dass für uns eindeutig und zu 100 Prozent stimmig ist. Ein solches Ziel könnte beispielsweise „Klarheit" sein, eine „für alle Beteiligten stimmige Lösung" oder auch schlicht und einfach „Erfüllung!".

Heute will ich einmal ganz bewusst ein positives Ziel formulieren.

20

Das eigentliche Abenteuer beginnt, sobald ich beim Vertrauten in die Tiefe gehe und so in Bereiche der Wirklichkeit vordringe, die ich bisher noch nie wahrgenommen haben – statt nach immer Neuem Ausschau zu halten.

Das Beispiel eines Baumes, der auf trockenem Boden steht, soll dies verdeutlichen: Wenn so ein Baum Wasser aus der Tiefe gewinnen will, muss er Wurzeln entwickeln, die weit in den Erdboden hineinreichen. Es würde dem Baum gar nichts nützen, immer mehr oberflächliche Wurzeln hervorzubringen. Nur indem dieser Baum seine vertrauten Wurzeln immer weiterführt, kann er zum Bodenwasser gelangen, das ihm Nahrung gibt. Nur durch Tiefe können wir mit der positiven Veränderung, die wir beabsichtigen, ins Sein fallen.

Heute will ich bewusst meine Neugier zügeln und meine Wirkkräfte auf eine Errungenschaft, Methode oder Tätigkeit richten, die ich bereits entwickelt habe.

21

Glück ist nicht Glückssache, sondern die logische Folge aus der Weisheit, Möglichkeiten und deren Nutzung zu erkennen.

Wenn wir die geistigen Gesetze weder kennen noch anwenden, mögen wir glauben, dass Gott bei der Schicksalsverteilung würfelt. Doch sobald wir Bewusstheit über unsere Lebensgestaltung entwickeln, erkennen wir, dass das, was wir Glück oder auch „Hilfe von oben“ nennen, aus dem stimmig(en) sein geboren wird. Glück ist nichts anderes als die Belohnung für ein Leben im Einklang mit den Naturgesetzen.

Heute will ich ganz bewusst die Möglichkeiten des Tages als „von Gott geschickt“ betrachten und selbstbewusst mit ihnen umgehen.

22

Das, was ich Schicksal nenne, verwirklicht nur meine inneren Bilder. Sind diese begrenzend und negativ, werden mich diese Gedankenbilder mit absoluter Sicherheit in begrenzende und negative Situationen bringen.

Es ist unsere Aufgabe, negative, zerstörerische, vielleicht sogar „bösartige" innere Bilder und ihre Ladungen bewusst loszulassen, uns von ihnen zu distanzieren. Begrenzende innere Bilder schränken unseren inneren Schöpfungsspielraum ein. Wir sollten sie erspüren und loslassen, beispielsweise indem wir sie Gott übergeben oder im Sein auflösen.

Heute will ich einmal ganz bewusst mit meinem inneren „Minensuchgerät" ein negatives Bild in mir aufspüren und Gott übergeben.

23

Eines der wichtigsten Instrumente auf dem Weg zum Erfolg ist eine exakt geklärte Vision des Erwünschten in Wort und Bild.

Wenn wir eine Vision entwickeln, stellt sich für uns auch die Frage, WER in uns sie entwickelt. Der neurotische Fantast? Der grandiose Verdränger? Oder das weise, stimmige Selbst mit der oftmals leisen, aber weisen Stimme? Die Entwicklung unserer Vision sollte von Weisheit und Liebe gelenkt sein und behutsam und achtsam stattfinden. Natürlich gehören dann, sobald wir unsere Vision „ahnen“, auch Wort, Bild und Gefühl dazu.

Heute will ich mich einmal ganz bewusst meiner Weisheitsstimme öffnen und aus ihr heraus eine Vision entfalten.

24

Erfüllung bedeutet nicht, eine erwünschte Vision auf die Zukunft zu projizieren, obwohl auch das erfolgreich möglich ist, sondern die Vision der eigenen Zukunft jetzt zu erkennen.

Wenn wir uns unsere Vision bewusst machen, sollten wir uns nicht nur fragen „Wo WILL ich hin?“, sondern auch „Wo SOLL ich hin?“. Wollen und Sollen möchten miteinander in Einklang gebracht werden. Mit Hilfe unserer Intuition können wir ganz bewusst um eine Vision bitten, die uns erfüllt. Diese sollte dann von allen egoistischen Interpretationen und Verblendungen befreit werden, sodass sie sich, wie beim Goldwaschen, in ihrer strahlenden, reinen Form zeigt.

Heute will ich einmal ganz bewusst um eine „stimmige“ Vision bitten und diese von möglichen Verblendungen befreien.

25

Der Unterschied zwischen einem Weisen und einem Narren besteht darin, dass der Weise seine Gedanken beherrscht, während der Narr von ihnen beherrscht wird.

Unsere Aufmerksamkeit lässt uns die Gedanken erkennen, wenn sie erscheinen. Liebende Güte für sich selbst, im Buddhismus „Maitri“ genannt, hilft uns, den negativen Kettenreaktionen, die Gedanken ins Unermessliche vergrößern, nicht nachzugeben. Wir lassen die Dinge winzig, und dies gelingt uns, wenn wir Bewusstsein über unsere Denkvorgänge entwickeln, statt denen blind nachzugeben.

Heute will ich bewusst meine Gedanken beobachten und darauf achten, dass meine Gedankenketten, insbesondere solche, die negativ sind, klein bleiben.

26

Die meisten Menschen können ihre Wünsche nicht beherrschen, weil sie ihre Gedanken nicht beherrschen. Sie denken hin und her und zerstreuen so das wunderbare Potenzial ihrer schöpferischen Gedanken, anstatt sie konzentriert auf ein Ziel zu lenken und das zu erreichen, was immer sie denken und glauben können.

Kaum ein Mensch hat ein Bewusstsein darüber, wie sehr seine Gedanken seine Wirklichkeit gestalten. Kaum ein Mensch denkt selbst. Die meisten Menschen lassen nur unbewusst mentale Schallplatten ablaufen oder sinnieren blind auf dem Gedankenfeld, das ihnen vorgesetzt wird, statt diesem die eigene Gedankenkraft entgegenzusetzen und so das Leben selbst zu gestalten.

Heute will ich einmal ganz bewusst schöpferisch und kreativ denken.

27

Der Verstand ist ein wunderbarer Diener, aber ein miserabler Herr. So sollte das Selbst dem Verstand endlich die Führung abnehmen.

Der Verstand ist ein wunderbarer Computer. Er ist in der Lage, zu jedem und allem Meinungen zu entwickeln. Darum sind Meinungen auch so billig zu haben: Jeder hat sie und jeder will sie loswerden. Doch der Verstand mit seinen ganzen Ansichten ist trügerisch, da er sich ausschließlich an Gegebenheiten und Umständen orientieren, aber keine solche neu erschaffen kann.

Heute will ich einmal ganz bewusst gerade dort, wo mein Verstand plappert, meinem Selbst die Herrschaft überlassen und mich an ihm orientieren.

28

Mit dem Instrument der Intuition erschließe ich mir die Fähigkeit zur Wahrnehmung dessen, WAS IST. Die Qualität der Wahrnehmung gilt es zu trainieren, denn sie ist zukunftsentscheidend.

Wahrnehmen bedeutet, wie das Wort bereits ausdrückt, „das Wahre zu nehmen". Doch das Wahre finden wir nicht in den Umständen und Gegebenheiten, denn diese beschreiben ja lediglich das, was bereits geschaffen wurde. Wir finden das Wahre nur, indem wir in die „Wirklichkeit hinter dem Schein" eintauchen, uns mit den „Wirkkräften" verbinden und aus ihnen heraus Potenziale, Möglichkeiten und Aufgaben erkennen und vollziehen.

Heute will ich mir einmal ganz bewusst einen Lebensumstand ansehen und die hinter und durch ihn wirkenden Kräfte bewusst wahrnehmen.

29

Meine Intuition fördere ich, indem ich das Funktionieren der Intuition mental vorauserlebe, bis ich die gewünschte Sicherheit in der intuitiven Wahrnehmung erlangt habe.

Jeder Mensch besitzt Intuition, aber kaum ein Mensch vertraut ihr. Und wer sich auf sie verlassen hat, ist möglicherweise von ihr enttäuscht worden. Bei wiederum anderen ist die Intuition zwar latent vorhanden, aber nicht entwickelt. Wir unterstützen unsere Intuition, indem wir uns ganz bewusst vorstellen, wie wir sie angesichts von anstehenden Entscheidungen befragen und sich anschließend die intuitive Antwort als richtig herausstellt. Dann tasten wir uns vorsichtig und behutsam in die Entfaltung und Anwendung unserer intuitiven Gaben hinein.

Heute stelle ich mir ganz bewusst vor, wie ich bezüglich einer Entscheidung meine Intuition frage und sich die intuitive Antwort später als richtig herausstellt.

März
Selbstwertschätzung

1

„Wer suchet, der findet." Der erste Schritt, die Unwissenheit zu beenden, ist es, zu suchen – sich selbst.

Wir suchen oftmals an der falschen Stelle. Viele Menschen verhalten sich wie der Mann, der einen Schlüsselbund an der Litfaßsäule verloren hat, ihn aber an der weit entfernt liegenden Laterne sucht, weil es dort heller ist. Dort, wo wir an der falschen Stelle suchen, wird die Suche zur Sucht. Und jede Sucht ist eine missglückte Suche. Suchen und finden können wir letztendlich nur uns selbst. Jeden Lebensumstand können wir dahingehend nutzen, uns selbst zu finden.

Heute will ich einmal ganz bewusst die Suche von den äußeren Umständen abziehen und mich fragen, wie ich das Gesuchte in mir selbst finden kann.

2

Wenn ich den Kontakt zu meinem wahren Selbst herstellen will, muss ich mich um Selbsterkenntnis bemühen.

„Selbsterkenntnis ist der erste Weg zur Besserung", sagen wir so leicht, aber verkennen dabei oftmals völlig, was Selbsterkenntnis eigentlich ist. Selbsterkenntnis bedeutet nicht, unsere Persönlichkeit zu erkennen und in Worte zu fassen. Selbsterkenntnis bedeutet, die durch uns wirkende göttliche Kraft als solche zu erkennen und ihr unsere Gedanken und Gefühle zu opfern, damit das Göttliche durch uns wirken kann. Was dann geschieht, ist übrigens keine Verbesserung des Alten, sondern etwas völlig Neues: Stimmigkeit, Wirken, getragen von einer größeren Kraft.

Heute will ich einmal ganz bewusst als Ego einen Schritt zur Seite treten und erkennen und erleben, wie das Selbst, Gott, durch mich handelt.

3

Mein Selbstbewusstsein und Selbstwertgefühl ist deshalb so gering, weil ich mein wahres Selbst nicht erkannt habe.

Wir leiden an falschen Werten, die wir aus unserer Überlebensangst heraus aufgestellt haben, wie ein goldenes Kalb, das wir anbeten, ohne zu bemerken, was wir da eigentlich tun. Aber Selbstwertgefühl erlangen wir nicht durch äußere Anerkennung, sondern indem wir unserem (dem) Selbst einen Wert geben. Alleine das Bestreben, aus dem Selbst heraus bewusst zu leben, verdient eine Wertschätzung uns selbst und auch anderen gegenüber. Alles andere wäre Heuchelei und Götzendienst, der uns von uns selbst entfernt.

Heute will ich ganz bewusst meinem Selbst und dem Selbst anderer einen Wert geben und diesen höher stellen als äußeres Getue und Gehabe.

4

Wer andere erkennt, ist klug, wer sich selbst erkennt, ist weise.

Mit Hilfe unserer äußeren Sinne können wir die Welt um uns herum wahrnehmen, die Menschen, die uns umgeben und vieles mehr. Um uns selbst zu erkennen, benötigen wir INNERE Sinne. Denn nur sie verschaffen uns einen Zugang zu der wirkenden Gottheit im eigenen Inneren. Wenn wir es uns zur Gewohnheit machen, jede Lebensfrage und -entscheidung mit diesem „inneren Ort" in Verbindung zu bringen, ist Weisheit die logische Folge.

Heute will ich meine inneren Sinne und Wahrnehmungen pflegen und mich entsprechend nach innen rückverbinden.

5

Die größte Entdeckung, die man in einem Leben machen kann, ist zu entdecken: „Wer bin ich?“

Die meisten Menschen sind Tag und Nacht damit beschäftigt, die äußere Welt zu erforschen, zu genießen und wahrzunehmen. Wir haben den Mond betreten und machen Fotos von entfernten Galaxien, wir beobachten Atome und Elektronen. Wir kennen das Größte wie das Kleinste. Nur eines kennen wir nicht: Uns selbst. Doch was nützen uns alle äußeren Entdeckungen, wenn wir nicht wissen, wer wir selbst sind?

Heute will ich mich einmal ganz bewusst hinsetzen und mich fragen: „Wer bin ich wirklich?“ – Immer wieder, und diese Frage tiefer beleuchten.

6

Selbsterkenntnis gleicht der Arbeit eines Bildhauers: Sobald er erkannt hat, welche Figur in dem Steinblock auf ihn wartet, muss er nur noch das abschlagen, was nicht zu der Figur gehört. So muss auch ich nur alles loslassen, was nicht mehr wirklich zu mir gehört – und übrig bleibe ich selbst.

Das Selbst, das wir suchen, ist bereits vorhanden. Es ist nur umschlossen von Hüllen über Hüllen von falschen Identifikationen. Wir halten uns für umherlaufende Körper und identifizieren uns mit Gedanken und Gefühlen, die wir für unsere eigenen halten. Dadurch laufen wir immer wieder an der Peripherie umher, statt uns selbst zu treffen.

Heute will ich ganz bewusst die Gedanken, Gefühle, Sensationen, die mich in Anspruch nehmen, loslassen, indem ich erkenne, dass ich diese nicht BIN.

7

Falsches Selbstbewusstsein entsteht durch die Suggestion „Ich bin der Größte!“ – wirkliches Selbstbewusstsein durch die Erkenntnis des wahren Selbst und der Wiederherstellung der Einheit.

Das Selbstbewusstsein vieler Menschen hängt von äußeren Faktoren ab. Darin liegt eine große Falle. Entweder wir stufen uns als überdurchschnittlich ein, dann haben wir gar kein Selbstbewusstsein, sondern nur ein aufgeblähtes Ego. Oder wir empfinden uns als minderbemittelt – dann leiden wir an Minderwertigkeitskomplexen. Größenwahn und Minderwertigkeitsgefühle sind gleichermaßen ein Zeichen für die Verblendung, für den „Wahn des Ichs“.

Heute will ich ganz bewusst wahrnehmen, ob ich mein Selbstbewusstsein aus äußeren Vergleichen oder innerer Rückverbundenheit ziehe.

8

Wenn ich in den Spiegel schaue, sehe ich einen Körper und kann sagen: „Das ist mein Körper." Wer aber sagt das? Der Körper kann sich ja nicht selbst gehören. Es muss sich also jemand in diesem Körper befinden, der sagt: „Das ist mein Körper." Dieser jemand bin ich selbst!

Ein Großteil unseres Leidens hängt damit zusammen, dass wir uns mit dem Falschen identifizieren. Alles, was wir benennen können, das sind wir nicht. Wir sind derjenige, der all dem Namen gibt. Wenn wir tiefer eindringen in dieses „Ich", erkennen wir, dass wir „nicht dies und nicht das" (indisch: „neti-neti") sind. Dieses Selbst, das jenseits aller Verkleidungen in uns wohnt und das wir wirklich sind, existiert auch im anderen. Erwachen bedeutet, in sich selbst und dem anderen dieses Selbst anzusprechen und zum Sinnieren zu bringen.

Heute will ich einmal bewusst innehalten und inmitten aller Verkleidungen mich, mein wahres Selbst spüren, das, was ich wirklich BIN.

9

Die tiefste Sehnsucht, die ein Mensch verspüren kann, ist das Verlangen nach seinem wahren Selbst. Alle äußeren Sehnsüchte sind nur Verkleidungen dieser Sehnsucht.

Es ist schön, dass es die Sehnsucht gibt. Ohne Sehnsucht gäbe es keine „Suche“ und damit auch keine „Hinbewegung“. In der Regel verbinden wir mit unserer Sehnsucht Liebeserfahrungen, die wir suchen, sei es nach einem geliebten Menschen, nach Gott oder einem besonderen Ort oder Umstand. Dies ist auch völlig in Ordnung, wenn wir dabei erkennen, dass das eigentliche Ziel dieser Sehnsucht in uns selbst liegt – der oder das Ersehnte ist „nur“ ein Bote des eigenen Selbst, das wir sonst gar nicht suchen würden.

Heute will ich mir einmal ganz bewusst machen, wonach ich mich eigentlich sehne, und dieses Sehnen mit mir selbst in Beziehung bringen.

10

Ich werde weder geboren, noch kann ich alt werden oder sterben. Das alles sind Erfahrungen des Körpers. Ich selbst aber BIN, war immer und werde immer sein. Dies führt zu Ehrfurcht vor mir selbst.

Meister Eckhart sagt so schön: „Wer nicht stirbt, bevor er stirbt, der verdirbt, wenn er stirbt!" Wann immer wir „Ich" sagen, sollten wir uns bewusst werden, dass wir damit nicht unseren Körper meinen, sondern das Bewusstsein, das durch diesen Körper lebt und liebt. Natürlich fordert der Körper seine Aufmerksamkeit, aber es wäre besser, wir würden ihn wie ein liebevolles und pflegebedürftiges Kind nähren, statt ihn ausschließlich zur Befriedigung unserer Neurosen und Bedürfnisse zu gebrauchen. Wir sollten unseren Körper fürsorglich „bevatern" oder „bemuttern" – unabhängig davon, ob er jetzt 9,29 oder 99 Jahre alt ist.

Heute will ich einmal liebevoll mit meinem Körper umgehen und ihn fragen, was er von mir braucht.

11

In Wahrheit sind wir „Individuen“, also ungetrennte Teile des einen, höchsten Bewusstseins.

Das Wort „Individualist“ wird oft völlig falsch verstanden. Wenn wir einen Menschen als Individualisten bezeichnen, dann meinen wir damit in der Regel jemanden, der sich eigenartig und andersartig verhält, der sehr konturiert und ungewöhnlich in seinem Auftreten ist und sich so von anderen Menschen abhebt. Doch in der wahren Bedeutung des Wortes sind wir alle Individuen, ungeteilte Aspekte des Ganzen, unabhängig davon, wie angepasst oder ungewöhnlich wir im Außen auftreten.

Heute will ich mir meine Individualität bewusst machen und die Individualität der anderen Menschen um mich herum und ihr „so Sein“ bewusst respektieren.

12

Seelenheil bedeutet, im Bewusstsein der Einheit zu leben. Das heilt die Seele, indem es den Schmerz der scheinbaren Trennung beseitigt, und damit auch Gemüt und Körper, die ja nur den Seelenzustand widerspiegeln.

Wo immer wir uns oder Teile von uns abspalten, entsteht Schmerz und Trennung. Eine Krebszelle ist beispielsweise nichts anderes als eine Zelle, die sich vom großen Ganzen abgespalten hat und ein abgespaltenes Dasein führen will. Heilung bedeutet daher zu erkennen, dass unsere Eigenart und auch die Eigenart unserer von uns selbst abgespaltenen Teile ein Recht haben, zu existieren – aber in einer Form, die mit dem großen Ganzen innerlich verbunden ist.

Heute will ich mir einmal einen Anteil an mir oder einem anderen Menschen bewusst machen, den ich nicht so mag und ihn in die Einheit zurückführen.

13

Sobald ich die Verschmutzung durch negatives Denken beseitige, geschieht Heilung und Fülle, und ich kann als ich selbst in ein neues Leben treten.

Die Wissenden empfehlen, mit dem Kopf zu fühlen und mit dem Herzen zu denken. Sobald wir dies machen, erkennen wir, dass negatives Denken ein Akt der Lieblosigkeit sich selbst und anderen gegenüber ist. Natürlich sollten wir negatives Denken, wenn es auftaucht, nicht verdrängen. Aber wir sollten es zähmen, indem wir es liebevoll, dann wenn die Zeit dafür gekommen ist, durch Gebet, Meditation oder sofortige Bewusstheit in die Einheit zurückführen.

Heute will ich einmal „negatives Denken", wenn es bei mir oder anderen auftaucht, bewusst wahrnehmen und erspüren, was es bewirkt.

14

Anderen zu helfen, sich auf ihre wahre Natur zu besinnen und aus ihr heraus zu leben, führt zu Selbstidentifikation und damit zur Auflösung von Problemen, Krankheit, Mangel und Leid.

Was immer wir anderen antun, im positiven wie im negativen Sinne, tun wir indirekt uns selbst an. Wenn wir jemanden bekämpfen, bekriegen wir uns selbst. Wenn wir jemanden unterstützen, unterstützen wir damit uns selbst. Und wenn wir jemanden an seine wahre Natur erinnern, erinnern wir damit zugleich uns an uns selbst. Wir stehen dadurch mit einer Ebene in Verbindung, die aus sich selbst heraus in der Lage ist, den Griff von Problemen, Krankheit, Mangel und Leid zu lockern, oftmals zu lösen oder gar in Freude und Stimmigkeit umzuwandeln.

Heute will ich ganz bewusst einen anderen Menschen an seine wahre Natur erinnern – ich muss dies nicht mit Worten tun, der Gedanke alleine genügt.

15

Das tiefe innere, aus dem Selbst gewonnene Wissen, richtig zu liegen, löst eine höhere Resonanz zu den positiven Kräften des Lebens aus.

Aus diesem Grund ist „Stimmigkeit" so wichtig. Wenn wir unstimmig handeln, haben wir innerlich ein schlechtes Gewissen, das wir vor uns oder anderen zu verbergen suchen. Dadurch entstehen Abwehrreaktionen und Blockaden. Wenn wir uns jedoch um Stimmigkeit, Wahrheit, Richtigkeit („gerichtet sein") bemühen, dann beweisen wir innerlich Rückgrat, dann erleben wir Führung im Leben.

Heute will ich einmal ganz bewusst meine beruflichen und privaten Positionen und Gedanken auf Stimmigkeit überprüfen.

16

Zur Selbsterkenntnis brauche ich die Bereitschaft, die Wirklichkeit wahrzunehmen. Und in dem Maße, wie dies geschieht, entsteht Selbstbewusstsein.

Wahres Selbstbewusstsein können wir nur erlangen, wenn wir unsere Gedanken und Gefühle dem Selbst unterstellen. Wir müssen also mit dem aufrichtigen Wunsch vom Thron unseres Egos und unserer Selbstanmaßung steigen, dass das Selbst, das Stimmige, durch uns wirkt.

Heute will ich einmal ganz bewusst den Thron meines Egos und meiner Vorstellungen verlassen und Leben durch mich geschehen lassen.

17

Alle wollen immer normal sein, dabei ist jeder einmalig, wenn er es nur erkennt und sich selbst lebt.

Ein bekannter Autor hat ein wunderbares Buch geschrieben mit dem Titel: *Der Wahnsinn der Normalität!* Es ist paradox, aber wahr: Die Norm zu leben ist ungesund. Und doch brauchen wir in dieser Gesellschaft noch Normen – aber nur so lange, bis der Einzelne zu sich selbst erwacht ist. Dann erkennt er, welche Zwangsjacke die Norm („Das tut man so!") ist. Der Erwachte rebelliert aber nicht gegen Normen, er macht es besser: Er trägt durch seine Einmaligkeit zum großen Ganzen bei.

Heute will ich einmal ganz bewusst meine Normen untersuchen, mit denen ich so gerne andere über einen Kamm schere, und eine Norm bewusst loslassen.

18

Ich darf mich nicht wundern, wenn ich mit meinem Leben unzufrieden bin, wenn es mir gar nicht entspricht. Darum ist es so wichtig, die eigene Stimmigkeit zu prüfen und sich selbst zu erkennen.

Die schlimmste Last, die man einem Leben auferlegen kann, ist, es gar nicht selbst zu leben, sondern es von den Umständen oder Mitmenschen leben zu lassen. Nur wenn wir uns ins Leben einbringen, WIE WIR SIND, können wir uns selbst und das Leben erfahren. Allerdings brauchen wir dafür den Mut, Stimmigkeit und auch Unstimmigkeit zu spüren und auszudrücken und die Reibung der Andersartigkeit zu ertragen mit allen Licht- und Schattenseiten. Dies bedeutet ein gutes Gefühl für uns selbst zu entwickeln und für das, was uns entspricht.

Heute will ich einmal bewusst überprüfen, ob die Umstände, Beziehungen und die Umgangsformen, in denen ich lebe, mir entsprechen.

19

Es geht nicht nur darum, ein positives Selbstbild von sich zu haben, sondern vor allem darum, dafür zu sorgen, dass mein Selbstbild mit meiner „inneren Wirklichkeit“ übereinstimmt, dass ich wirklich „ICH selbst bin“.

Viele Menschen pflegen ein „aufgesetztes“ Selbstbild, weil sie glauben, so besser durch das Leben zu kommen. Der eine spielt den Macho, der andere den Erfolgsmenschen, wieder andere nehmen Rollen an, die Mitleid erwecken sollen. Jeder von uns hat irgendeine Strategie in der Kindheit erlernt, um besser zu überleben. Doch erst, wenn wir unser Selbstbild nicht mehr von äußeren Einflüssen abhängig machen, sondern in uns suchen, leben wir wirklich selbstbewusst.

Heute will ich einmal ganz bewusst untersuchen, welche „Rollen“ ich spiele und ob diese Rollen meinem inneren Selbstbild und -ausdruck entsprechen.

20

Menschen, die Tag für Tag aufstehen und das hassen, was sie machen, haben ein vielfach höheres Krankheitsrisiko. Der Beruf sollte zugleich die Berufung sein – sie gleicht also einem inneren Ruf, dem zu folgen ist.

Wir haben zwei Möglichkeiten, unseren Beruf zur Berufung zu wandeln. Entweder wir verändern unseren Beruf SO, dass er uns zur Berufung wird, indem wir auf eine erfüllte Weise mit ihm umgehen. Oftmals hilft es hierbei bereits, die eigene Einstellung zum Beruf positiv zu verändern. Oder wir wechseln den Beruf. Wer allerdings seinen Beruf ohne Liebe und Freude ausübt, nur um Geld zu verdienen, der verdient auch nichts als Geld – ein erfülltes Leben erlangt er so nicht.

Heute will ich einmal ganz bewusst meine berufliche Position überdenken und herausfinden, ob ich sie liebe- und freudvoller als bisher ausüben kann.

21

Der Schlüssel zur Berufung liegt oftmals in der Freude: „Was würde ich sogar gerne machen, wenn ich dafür bezahlen müsste?“

Stellen Sie sich einmal vor, Sie seien Millionär und hätten so viel Geld und Zeit, wie Sie brauchen. Womit würden Sie am liebsten den Tag verbringen? Nun, im ersten Jahr werden Sie vielleicht den Rausch von Party und Glamour erleben wollen. Doch irgendwann wird Ihnen bei alledem der Sinn Ihres Daseins fehlen. Sie werden nach einer Tätigkeit und Lebensweise suchen, die Sie geistig erfüllt, nach einem „stimmigen“ Leben.

Heute frage ich mich einmal ganz bewusst: „Welche Tätigkeit und welche Daseinsform passen zu mir und geben meinem Leben Sinn?“

22

Oft verurteile ich mich selbst und komme so in Disharmonie, weil ich mir zu dick, dumm oder faul vorkomme. Dann zwinge ich mich auch noch, etwas zu unternehmen, was mir gar nicht entspricht, und schaffe so erst recht Disharmonie. Doch nur wenn ich alle Teile von mir selbst liebe und akzeptiere, kann ich frei und erfüllt leben.

Selbstverurteilung beruht auf einem gravierenden Missverständnis. Durch sie wollen wir uns dem Leben und uns selbst vorenthalten, „wie wir sind", und sind auf diese Weise nicht bereit, uns mit allen Schattenseiten zu zeigen – und verpassen so auch unsere Lichtseiten. Wir leben dann in einer Illusion über uns selbst. Indem wir den Mut aufbringen, uns selbst die Treue zu halten, auch dann, wenn wir uns ungut vorkommen oder gegen Normen verstoßen, erleben wir, wie das Selbst eine stimmige Form der Integration schafft mit der Welt, in der wir leben. Aus sich selbst heraus!

Heute will ich mir einmal bewusst machen, wofür ich mich (insgeheim) verurteile, und dieses Urteil loslassen – und daraufhin auch diesen Wesenszug annehmen.

23

Schon in sehr jungen Jahren verlernen wir, unseren Gefühlen zu vertrauen, sie spontan, echt und ehrlich auszudrücken. Und wir lernen, wie wir es unseren Mitmenschen recht machen können und verlieren so den Kontakt zu uns selbst – statt uns selbst zu spüren.

Wir leiden in dieser Gesellschaft unter „gedachten Gefühlen“. Wir spüren gar nicht mehr das, was wir tatsächlich fühlen, sondern was opportun wäre zu fühlen, oder wir lassen alte emotionale Schallplatten laufen. Wir verzerren die Schönheit und Ehrlichkeit unserer Gefühle durch gedankliche Einmischungen. Sogar eine Wut, wenn sie echt und ehrlich gezeigt wird, kann eine Schönheit in sich tragen, ebenso Trauer oder Enttäuschung.

Heute will ich in meinen Bauch spüren und einmal ganz bewusst „fühlen, was ich fühle“.

24

Wenn ich als Kind gelernt habe, mein Selbstbild und mein Selbstwertgefühl aus dem Lob und der Anerkennung meiner Umgebung zu beziehen, dann erfahre ich dadurch etwas über die Erwartungen und Wünsche der anderen – aber nichts über mich selbst. Kein Wunder, wenn ich dann mit meinem Leben nicht zufrieden bin, darin keine Erfüllung finde – denn es ist ja gar nicht „mein Leben".

Wann immer ich gelobt oder kritisiert werde, sollte ich mir bewusst machen, dass dieses Lob oder diese Kritik sehr viel über den anderen aussagt – nicht immer über mich selbst. Lob und Kritik sollte ich ständig daraufhin überprüfen, ob sie aus meinem inneren Wertmaßstab heraus berechtigt sind. Wenn ja, kann ich für beide dankbar sein. Wenn nein, sollte ich mir angewöhnen, sie dort zu lassen, wo sie hingehören: Bei dem anderen. So kann ich nicht nur den anderen besser wahrnehmen als bisher – sondern auch mich selbst.

Heute will ich mir einmal darüber bewusst werden, nach wessen Lob ich (insgeheim) süchtig bin. Wessen Kritik würde ich fürchten?

25

Wenn ich die Kleider anderer Leute trage, ist es kein Wunder, dass sie mir nicht passen. Und wenn ich mich dadurch nicht akzeptiere, dann kann ich natürlich auch andere nicht anerkennen.

Es sind die falschen und viel zu engen Kleider, die geistigen Zwangsjacken, mit denen andere unser und wir das Leben anderer verpfuschen. Denken wir nur an das Märchen vom Aschenputtel: Da wird von den zwei Schwestern des Aschenputtels verlangt, sich in viel zu enge Schuhe zu zwängen, ja sich sogar Zehen oder Fersen abzuschlagen, um endlich „passend“ zu sein. Wir sollten unsere geistigen Korsetts aufschnüren, damit wir endlich den Raum haben, in dem das Selbst durch uns leben kann.

Heute will ich mir bewusst ansehen, welche geistigen Kleider ich trage: Laufe ich gedanklich in Papas Anzug oder Mutters Wickelrock herum?

26

Sich selbst zu leben heißt, sich selbst zu lieben. Dann ist alles ganz einfach „selbstverständlich"!

Ein bekannter deutscher Dichter hat einmal geschrieben: „Hier bin ich Mensch, hier kann ich sein!" Leider gewähren wir einander immer noch viel zu wenig diesen Raum. Kein Wunder, dass wir dann in der Nähe des anderen Atemnot bekommen. Wie aber können wir um uns herum die Atmosphäre schaffen, in der wir „uns selbst" leben können? Schlicht und einfach, indem wir auch anderen den Raum geben, sich selbst zu leben, und ihre Andersartigkeit akzeptieren.

Heute will ich einmal ganz bewusst mich und meine Mitmenschen annehmen, WIE SIE SIND.

27

Stellen Sie sich einmal einen Schwan auf einem See vor. Wie beschreiben Sie ihn: Majestätisch? Und der Schwan an Land – wie beschreiben Sie ihn: Tollpatschig? Und lebe ICH in dem für mich stimmigen Revier?

Viele Menschen machen es sich im Leben schwerer, als es eigentlich nötig ist. Sie wählen das falsche Wirkungsfeld, das verkehrte Revier, einen widersinnigen Beruf oder die falschen Freunde. Damit wir unser Leben in Fülle und als Berufung leben können, ist es notwendig und hilfreich, dass wir uns in eine Position hineinbegeben, in der unsere Eigenart sich zum Wohle des Ganzen (und von uns selbst) entfalten kann. Wenn eine Leberzelle sich in der Lunge aufhalten würde, wäre dies eine Belastung für Lunge und Leber gleichermaßen.

Heute frage ich mich einmal ganz bewusst, ob das Revier, in dem ich mich bewege, das für mich richtige ist oder ob es sich langfristig optimieren ließe.

28

Haben Sie sich schon einmal gefragt, wer Ihr Chef ist? Sagen Sie jetzt nicht, dass Sie keinen Vorgesetzten haben, da Sie ja selbstständig sind. Jeder hat einen Chef – selbst wenn Sie nichts tun, haben Sie einen Chef: Ihre Bequemlichkeit. Doch Ihr Selbst sollte Ihr Chef sein.

Immer wieder im Leben stellt sich die Frage: „Wem bin ich (innerlich) verpflichtet?“ Es gibt kein Leben ohne Verpflichtung, auch wenn wir dem aus dem Wege gehen wollen: Der eine fühlt sich seiner Lust verpflichtet, ein zweiter seiner Bequemlichkeit und ein dritter seinen Vorstellungen. Indem wir unser „verpflichtet sein“ bewusst wählen, entwickeln wir „Selbstbestimmung“. Ein Leben ohne „Chef“ ist nicht möglich, aber mit Liebe und Weisheit werden wir einen „Chef“ finden, der rangmäßig sogar über unserem Brötchengeber steht. Stimmigkeit im Einklang mit unserem Selbst könnte beispielsweise so ein Chef sein.

Heute will ich mir einmal ganz bewusst überlegen, „in wessen Auftrag“ ich lebe, denke, handle und meinen Tag aus diesem Auftrag heraus gestalten.

29

Wer den Kontakt zu seinem wahren Selbst hergestellt hat, für den ist Sicherheit und Selbstvertrauen selbstverständlich. Denn Selbstvertrauen bedeutet ja eigentlich, seinem wahren Selbst zu vertrauen, und das Ergebnis ist unerschütterliche Sicherheit.

In dem Wort „Vertrauen“ finden wir den Begriff „trauen“. In diese Begriffsreihe gehört ebenso die hochzeitliche „Trauung“ wie das „sich etwas zutrauen“. Eine der größten Herausforderungen für das menschliche Leben ist Urvertrauen, das heißt die Erkenntnis, dass es da eine vertrauenswürdige geistige Kraft gibt, der wir uns anvertrauen können und die uns hält. Nur in dieser „Trauung“ können wir die falschen Sicherheiten unseres Egos und unserer Konzepte schrittweise loslassen und eine neue Lebensbasis finden und verwirklichen.

Heute will ich einmal ganz bewusst mit dem Urgrund meiner wahren Natur geistigen Kontakt aufnehmen und ihr mein Urvertrauen aussprechen.

30

Wir Menschen leben unsere Vorstellung von uns selbst, anstatt uns(er) selbst zu leben. Selbstwertschätzung bedeutet aber auch wahrzunehmen, wie ich „gemeint" bin und welche Zukunft mir entspricht.

Viele Menschen haben für ihre Selbstwertschätzung den völlig falschen Maßstab. Sie glauben, dass sie sich erst dann wertschätzen können, wenn sie dieses und jenes erreicht haben. Verfehlen sie diese oftmals von außen aufgepfropften Ziele, üben sie sich in Selbstverdammung, und sie bauen einen Damm vor sich selbst, statt ihr Selbst zuzulassen. Nur indem ich mich wertschätze, „wie ich bin", kann ich überhaupt erkennen, „wie ich gemeint bin".

Heute will ich mir einmal bewusst machen, welche Vorstellungen ich von mir habe, und diese ganz bewusst loslassen.

31

Die menschliche Natur will immer wieder etwas Neues erfahren. Dabei sind es die ewig gültigen, gleichen Wahrheiten, die sich als Neuigkeiten verkleiden – in Wirklichkeit gibt es nichts Neues, sondern nur das Selbst.

Wir können das Leben mit einem sich ständig verändernden Prisma vergleichen, das immer wieder neue Farben des Lichts an die Wand unseres Bewusstseins wirft. Viele Menschen sind von diesem Wandel so ergriffen, dass sie völlig den Urheber all dieser Farbreflexionen, das Prisma und das Urlicht, vergessen. Platons Höhlengleichnis macht uns deutlich, dass wir uns nicht von dem Wandel blenden lassen, sondern stets auf den Urheber all der Bilder, Gefühle und Gedanken schauen sollen.

Heute will ich einmal ganz bewusst in den Dingen, die mir geschehen, die durch alles wirkende EINE Kraft suchen und mich auch nicht davon ablenken lassen.

April
Positives Leben

1

Mein Seins-Auftrag ist es, gesund und glücklich in der Fülle zu leben. Jeder Mangel ist immer nur eine Botschaft, dass ich nicht ICH SELBST bin, und eine liebevolle Aufforderung, die selbst verursachte Disharmonie loszulassen, damit die natürliche Fülle in Erscheinung treten kann.

Jesus sagt: „Ihr sollt vollkommen sein, wie der Vater im Himmel vollkommen ist!" Unvollkommenheit, Mangel, Probleme, Armut und Krankheit sind immer ein Zeichen von Mangel im Bewusstsein, von Disharmonie. Indem wir all das, was in uns Unwohlsein oder gar Schmerz erzeugt, nutzen, um die Reise vom Mangel in die Fülle (des Bewusstseins) anzutreten, entfalten wir einen Lebensbereich nach dem anderen, bis wir irgendwann, am Ende unserer Reise, das gesamte Regenbogenspektrum des Lichts aus uns hervorzubringen vermögen.

Heute will ich einmal ganz bewusst einen Bereich, der bei mir noch im Argen liegt, in Fülle wandeln.

2

Kommt ein Problem, so halte still, und frage, was es von dir will.

In dem Wort „Problem“ ist die Vorsilbe „pro“ verborgen, das bedeutet, dass das Problem FÜR uns existiert, nicht gegen uns, sonst hieße es ja „Contrablem“. Jedes Problem ist ein Geschenk. Wenn ich das Problem auspacke, entdecke ich das Geschenk in der „Entwicklung“. Jedes Problem möchte mich zu einem Entwicklungsschritt ermuntern – sobald ich es anpacke, bin ich „ein anderer geworden“ und habe mich entwickelt.

Heute will ich mir einmal ein Problem bewusst machen und es fragen, wozu es mich auffordert.

3

Fatal ist die Gewohnheit, vor unangenehmen Situationen davonzulaufen, statt sie dann zu meistern, wenn sie auftauchen.

Unangenehme Situationen haben eine merkwürdige Eigenschaft: Je mehr wir vor ihnen fliehen, desto größer und unangenehmer werden sie. Es ist wie bei einer Rechnung, die wir bekommen und nicht bezahlen. Je länger wir uns davor drücken, desto teurer wird es für uns. Der beste Weg, mit einer Situation umzugehen, ist es, sich ihr dann zu stellen, wenn wir dazu bereit sind – oftmals am besten gleich jetzt.

Heute will ich ganz bewusst eine unangenehme Aufgabe, die ich bereits lange vor mir hergeschoben habe, in Angriff nehmen.

4

Achtsamkeit gegenüber sich selbst und Stimmigkeit sind identisch. Falle ich aus der Achtsamkeit, bin ich in der Trennung.

Achtsamkeit ist eine der Grundtugenden Buddhas. Im Westen bei uns „Himmelsstürmern“ kommt diese Tugend ein wenig zu kurz. Doch sie ist wichtig, denn ohne Achtsamkeit leben wir ineffizient. Wir stoßen mit dem Fuß um, was unsere Hände mühsam aufgebaut haben. Wer den zweiten Schritt vor dem ersten tun will, fällt auf die Nase, ebenso, wer mit dem ersten Schritt schon am Ziel sein will.

Heute will ich eine Handlung einmal ganz bewusst und achtsam vollziehen.

5

Bin ich stimmig, bin ich auch ganz im Hier und Jetzt, im Einklang mit dem Leben. Bin ich nicht stimmig, bin ich nicht da, wo Leben stattfindet.

Leben ist das, was stattfindet, während die meisten Menschen gedanklich woanders beschäftigt sind. Es gibt aber keinen spannenderen Augenblick als das Jetzt, da ich weder „gestern" noch „morgen" leben kann. Indem ich mein Bewusstsein auf den gegenwärtigen Augenblick richte, bin ich nicht nur korrekt und bewusst im „Hier und Jetzt", ich bin auch ein hervorragender Liebhaber – ein Liebhaber des JETZT.

Heute will ich einmal ganz bewusst in Stimmigkeit mit jeder Lebenssituation, die mir im JETZT begegnet, leben und erkennen, dass ich dies kann.

6

Enttäuschung ist die Erkenntnis, dass ich offensichtlich in einer Täuschung gelebt habe und ein anderer gerade schmerzhaft diese Täuschung beendet hat. Im Grunde müsste ich dem anderen dankbar sein, dass er mich auf die Wirklichkeit aufmerksam macht. Nur wenn ich in der Wirklichkeit lebe, habe ich eine Chance, sie zu ändern und nach meinen Wünschen mitzugestalten.

Viele Menschen leben insgeheim mit einer Lüge gegenüber sich selbst und anderen. Sie versuchen es zu vermeiden, andere zu enttäuschen oder von anderen enttäuscht zu werden. Doch je mehr sie dies erproben, desto mehr leben sie an sich und ihrem Leben vorbei. Wenn wir getäuscht haben oder wurden, ist die „Enttäuschung“ noch das Beste, was uns passieren kann. Wir sollten sie in Liebe annehmen und in Zukunft danach trachten, weder uns noch andere zu täuschen, dann reduzieren sich auch unsere „Enttäuschungen“.

Heute mache ich mir bewusst, wo ich einen anderen Menschen getäuscht habe oder getäuscht wurde, und nehme die Enttäuschung in Liebe und Würde an.

7

Die Vergangenheit kann ich nicht ändern – da hilft auch kein Selbstmitleid. Aber die Zukunft gehört mir. Hier ist noch vieles möglich, und deshalb sollte ich niemals meine Kraft mit Selbstmitleid vergeuden.

Immer wieder kommt es vor, dass die Vergangenheit sich in unser Bewusstsein drängt. Solange wir noch emotionale Ladungen oder Missverständnisse bezüglich unserer Vergangenheit haben, ist dies auch opportun. Wir sollten jedoch unsere Vergangenheit von ihren Emotionen und Missverständnissen befreien, damit wir sie loslassen und im JETZT positiv nach vorne blicken können. Nicht die Vergangenheit, sondern unser Urteil über sie ist es, was uns Schwierigkeiten macht.

Heute will ich ganz bewusst ein Urteil über meine Vergangenheit ansehen und loslassen.

8

Es gilt nicht nur, Wissen zu erwerben, sondern auch die „geistige Blindheit" zu heilen, denn sie verhindert es, dass das Wissen zur Weisheit wird: Wo stehe ich mir selbst im Weg?

Wissen wird nicht durch permanentes Wiederkäuen zur Weisheit. Weisheit entsteht nur dann, wenn wir das, was wir innerlich wissen, in der Alchemie des täglichen Lebens erproben und aufgrund dieses Wissens neue Handlungs-, Denk- und Fühlweisen entwickeln, die lebensgerecht sind. Die Spaltung zwischen Wissen einerseits und Lebenspraxis andererseits muss aufgehoben werden – und diese Verantwortung tragen wir alleine.

Heute mache ich mir Gedanken darüber, wie ich mein Wissen in gelebte Weisheit umwandeln kann.

9

Warum sollte ich einen anderen beneiden, wenn ich mich selbst erreichen kann?

Wir denken oftmals, jemand anderes sei vom Schicksal mehr begünstigt als wir. Damit sagen wir innerlich: „Lieber Gott, viele Dinge machst du ja ganz gut, aber das Schicksal gestaltest du total ungerecht!" Haben wir wirklich den Weitblick, um zu erkennen, warum der eine sechs Richtige im Lotto, der andere eine böse Schwiegermutter bekommt? Und ist nicht jeder Neid ein Ausdruck davon, dass wir auf die völlig falschen Dinge Wert legen – auf äußere Errungenschaften statt auf die Nähe zu uns selbst, die das Ziel aller Reisen darstellt?

Heute schaue ich mir an, auf wen oder was ich neidisch bin, und nehme diesen Neid zurück, indem ich mein eigenes Schicksal freudig annehme und mitgestalte.

10

Wenn man das tut, was man schon immer getan hat, wird man das erhalten, was man schon immer erhalten hat. Wer morgen nicht von gestern sein will, der muss HEUTE etwas tun!

Der entscheidende Augenblick der Wandlung ist immer heute, ist immer jetzt. Dort, wo wir zufrieden und glücklich sind, sollten wir mit dem Bewährten fortfahren. Dort aber, wo wir uns eine positive Veränderung wünschen, sollten wir innehalten, Pause machen und unsere Einstellungen, Handlungen und Überzeugungen positiv verändern. Aus der Stille, aus dem Innehalten kommt die Kraft für neue Taten und Einstellungen gegenüber uns und dem Leben.

Heute will ich innehalten und eine positive Veränderung meiner Lebens- und Denkgewohnheiten finden und bewusst vollziehen.

11

Gelassenheit hat nichts mit Lässigkeit oder gar Nachlässigkeit zu tun, sondern ist das Ergebnis der Ausgeglichenheit meines Bewusstseins – der Verzicht auf Illusion und die Identifikation mit der Wirklichkeit.

Die meisten Menschen verwechseln Gelassenheit mit Teilnahmslosigkeit. Dies sind aber zwei völlig verschiedene Dinge. Es ist gerade die innere Gelassenheit, die es uns erlaubt, an Lebensprozessen engagiert teilzunehmen, ohne dadurch ins Schleudern zu kommen. Gelassenheit ist ein „lassen" von dem Blendwerk der „Maya" (Täuschung). Dies bedeutet, alles was um uns herum geschieht, um uns mit unserem inneren Selbst zu verbinden und um aus ihm heraus ungestört von Emotionen und Vorstellungen Leben durch uns geschehen zu lassen.

Heute will ich einmal ganz bewusst gelassen auf die Vergänglichkeit aller meiner Lebensumstände blicken und dabei das JETZT bewusst erfüllen.

12

Humor ist ein Schritt auf dem Weg zu sich selbst, weil er das Ego entlarvt. Man sollte schon über sich selbst lachen können.

Buddhisten sagen, dass die Tiere, im Gegensatz zu uns, keinen Humor haben. Sie sind „tierisch ernst“. Der Mensch mit seiner Gabe, sich selbst auch von außen betrachten zu können, hat dieses Können. Sie zeugt von Lebensweisheit – insbesondere dann, wenn wir nicht über jemand anderen lachen, sondern über uns selbst. Nicht nur die Götter, so sagt man, lieben ihre Scherze, auch wir haben ein Recht darauf, den „kosmischen Witz“ zu verstehen.

Heute will ich mich einmal ganz bewusst an eine Situation erinnern, in der ich herzhaft über mich selbst lachen konnte.

13

Leider leben viele Menschen ständig von einer zweitklassigen Ernährung durch schockierende Filme und banale Lektüre. „Geistige Abfall-Nahrung" führt zwangsläufig zu einer geistigen Unterernährung. Die geistige Nahrung sollte schon meinem Selbst entsprechen.

Alles, was wir von außen aufnehmen, erzeugt in uns innere Bilder, eine innere Vorratskammer, ein Repertoire. Und es ist auch nicht immer notwendig, nur positive und angenehme Eindrücke in uns aufzunehmen. Doch wir sollten bewusst überprüfen, ob das, was wir geistig zu uns nehmen, einen Bezug zu uns hat, ob uns diese geistige Nahrung wirklich dient. Manchmal brauchen wir „Junkfood", um uns wohl zu fühlen – doch während wir es konsumieren, sollten wir dies bewusst tun und die Konsequenzen bedenken.

Heute wähle und optimiere ich meine geistigen Eindrücke wie Fernsehen oder Literatur bewusst.

14

Selbstmitleid ist überflüssig, da ich ja die beklagten Umstände jederzeit ändern kann. Nur dadurch verwandeln sie sich, während Selbstmitleid nichts ändert. Ich raube mir nur die Kraft, vertue meine Zeit und belaste meine Gesundheit. Sobald ich auch nur eine Spur von Selbstmitleid bei mir entdecke, erfasse ich es und löse es auf, bevor es mich erfassen kann.

Laotse sagt: „Man kann nicht immer auf Zehenspitzen gehen." Es gibt Tage, da fühlt man sich zum Wegwerfen. „Heute bin ich wieder arm", sagen wir dann unseren Freunden. Auch die schwierigen und tiefen Stunden zeigen ihre eigene Schönheit. Wir dürfen sie ruhig zulassen, doch wir sollten nicht im Selbstmitleid verharren. Vielmehr sollten wir die Tiefe und die Unzufriedenheit fühlen und dann, wenn wir dies genug erspürt haben, den Zeitpunkt abpassen, um aus der Tiefe wieder aufzutauchen wie der Phönix aus der Asche.

Heute überlege ich mir einmal ganz bewusst, wie ich mich in den schwierigen Augenblicken des Lebens verhalten habe. Ließe sich da etwas verbessern?

15

Stelle sicher, dass du das wirklich willst, von dem du glaubst, dass du es willst.

Dieser Satz kann unterschiedlich verstanden werden: Erst einmal glauben wir, oftmals Dinge zu wollen, die wir uns gar nicht wirklich wünschen. Wir müssen immer wieder überprüfen, ob wir Dinge nur dahersagen oder ob sie für uns wirklich stimmig sind, wie ein Maßanzug. Zum anderen sollten wir die Dinge, die für uns stimmig sind, auch wirklich wollen – also uns erlauben, zu diesen Wünschen auch zu stehen und für sie zu gehen: unserem „Fortschritt“ zuliebe.

Heute überprüfe ich einmal einen Wunsch, den ich in mir trage, auf seine Bodenständigkeit und Stimmigkeit.

16

Vor mehr als hundert Jahren war körperliche Hygiene eine Ausnahmeerscheinung. Doch ebenso ist es heute noch mit der Psychohygiene, einer Art „Gemütswäsche“, in der negative Gedanken, belastende Gefühle, unbeherrschte Triebe und unbedachtes Reden und Tun bereinigt werden, damit sich das Ebenbild Gottes, das „Ich bin“, wieder ungetrübt spiegeln kann im klaren „Spiegel meiner Seele“.

Früher wusch man sich nicht oder zumindest selten. „Zur Zeit des Alten Fritzen genügte noch das Schwitzen!“ Gott sei Dank ist heute statistisch gesehen jeder zweite Europäer im Besitz einer eigenen Zahnbürste, die Hygiene schreitet voran. Ebenso segensreich und gesundbringend wie die körperliche Hygiene ist auch die gedankliche Hygiene ein Beitrag zur geistigen Gesundheit. Durch tägliche Meditation, Gebet und Tagesrückschau sollten auch wir Psychohygiene betreiben.

Heute Abend will ich bewusst durch Psychohygiene den Tag bereinigen.

17

Ich kann jeden Ärger, jede Angst oder Stress, Sorgen, Zweifel, Wut, Selbstmitleid, Aufregung, Misserfolg, Blockade oder negative Gedanken mental umerleben, morgens, abends und bei Bedarf auch tagsüber gründlich „Psychohygiene" betreiben und mein Leben so positiv gestalten.

Alles, was wir erlebt haben, hinterlässt geistige Eindrücke, psychische „Spuren", das Stimmige wie das Unstimmige. Das Unstimmige wirkt hierbei wie Sand im Getriebe unseres Bewusstseins, und wir können hier nur agieren, indem wir uns mit Hilfe unserer Imagination vorstellen, wie wir hätten handeln sollen. Dadurch bieten wir unserem Unterbewusstsein für die Zukunft eine zweite, bessere Handlungsalternative an – unser Selbstbewusstsein steigt.

Heute will ich einmal ganz bewusst eine Schlüsselsituation meines Lebens, die nicht so gut gelaufen ist, mental umerleben – mit allen Konsequenzen.

18

Die Vergangenheit ist so etwas von vergangen, vergangener geht es gar nicht. Lassen Sie die Vergangenheit los, aus der Erkenntnis, dass sie vorbei ist und nie mehr wiederkommt. Warum also sollte ich sie noch immer mit mir herumschleppen?

Immer wieder kommen Menschen in meine Praxis und sagen zu mir: „Ich hatte so eine schreckliche Kindheit“, und meine Antwort ist immer die gleiche: „Seien Sie doch froh, dass sie vorbei ist!“ Wenn wir unsere Vergangenheit loslassen, lässt diese auch uns los. Wir sollten uns einmal folgende Frage stellen: „Worin will ich mit meiner Vergangenheit Recht behalten und warum eigentlich?“ Oftmals missbrauchen wir unsere Vergangenheit, um einen Mangel, den wir mit uns herumtragen, zu rechtfertigen (= sich ein Recht anfertigen), statt den Mangel zu beseitigen.

Heute will ich mir noch einmal ganz bewusst meine Vergangenheit erzählen, diesmal aber jedem Ereignis eine neue, positive und freudige Bedeutung geben.

19

Alte Vorstellungen, Grenzen, Programme, Muster, Prägungen, negatives Denken, ein negatives Selbstbild, die Rolle, die ich spiele, Erziehung, Umwelteinfluss, Normen, Klischees, alles das bin ich nicht – sobald ich dies loslasse, bin ich frei, ich selbst zu sein.

Wir sind mehr, als wir glauben. Manchmal schimmert ein Spalt von diesem größeren Selbst, das wir sind, durch unser begrenztes Bewusstsein, eine Ahnung von unserer wahren Größe. Dann verdecken wir diesen Spalt wieder durch Kleinlichkeit und durch Festhalten an dem Gewohnten. Immer wieder müssen wir erkennen, wer wir wirklich sind, und aus diesem Wissen schöpfen.

Heute will ich mich einmal an eine Zeit erinnern, in welcher der Schleier der Begrenzung gehoben wurde und ich mein umfassenderes Selbst fühlen konnte.

20

Worum es im Leben geht, ist, meine wahre Natur zu erkennen und im Einklang mit ihr zu leben. Tue ich das nicht, verursache ich damit Krankheit, Armut und Leid.

„Erkenne dich selbst ...", heißt es am Eingang des Tempels von Delphi und weiter drinnen steht „... damit Du Gott erkennst!". Gott will nicht, dass wir gegen unsere Natur leben, erst recht nicht gegen unsere wahre Natur. Er will, dass wir mit ihr und damit mit uns selbst in Einklang kommen. Weil wir nur so den Platz erfüllen können, an den uns Gott gestellt hat. Insofern ist ein Leben im Einklang mit sich selbst auch immer ein gottgefälliges.

Heute will ich einmal ganz bewusst hinsehen, wo ich gegen meine wahre Natur lebe, und diese Divergenz wieder in Harmonie bringen.

21

Schaffen Sie sich Aufmerksamkeitssignale: Schalten Sie Ihr Bewusstsein an, wenn das Telefon klingelt, Besuch kommt, Sie durch eine Türe gehen oder Sie eine neue Arbeit beginnen.

Aufmerksamkeit hat eine schöne Eigenschaft: Sie lässt sich nicht verschieben. Sie ist immer JETZT. Keine Meditation und kein Gebet der Welt kann uns die Aufgabe abnehmen, im JETZT aufmerksam zu sein. Wie aber erhalten wir uns unsere Aufmerksamkeit? Eine Strategie wäre es, sich entsprechende Signale zu setzen, und nicht nur dann, wenn wir durch eine Türe gehen, das Telefon klingelt, die Stundenuhr läutet oder wir das Wort „ich" aussprechen, sondern auch, wenn wir einem Menschen begegnen, dann sollten wir unsere Aufmerksamkeit einschalten und sie dem Gegenüber widmen.

Heute will ich einmal ganz bewusst Aufmerksamkeitssignale setzen und einhalten.

22

Ich kann die Zukunft beeinflussen, aber nicht das IST und das JETZT! Wenn ich das IST und das JETZT nicht akzeptiere, dann handle ich völlig unlogisch. Dann kreiere ich nämlich einen Konflikt zwischen mir und dem, was IST. Das kostet Energie, Geld und auch Intelligenz. Wie will ich aber meine Probleme rasch lösen und meine Ziele schnell erreichen, wenn ich mich total behindere, indem ich das, was IST, nicht akzeptiere?

Dieser Text möchte fein verstanden werden: Wir sollen das, was IST leben, aber wir sollen nicht das JETZT anders haben wollen, als es ist. Dadurch würden wir nur Widerstand und Spannungen in uns erzeugen. Wir müssen uns selbst in das JETZT einklinken und total präsent sein. Nur so können wir die Dinge im positiven Sinne mitgestalten. Wenn wir uns gegen das JETZT wehren oder unser Einverständnis an dem, was JETZT IST, verweigern, disqualifizieren wir uns selbst aus unserem eigenen Lebensspiel – wir selbst bleiben außen vor.

Heute will ich mir einmal ganz bewusst machen, mit wem oder was ich JETZT nicht einverstanden bin, und meinen Widerstand dagegen auflösen.

23

Wie wäre es, wenn Sie der Welt erlauben würden, so zu leben, wie sie leben will, und sich selbst zugestehen würden, zu leben, WIE SIE WOLLEN?

Die meisten Menschen verhalten sich so, als würden sie vom Staat dafür bezahlt werden, dass sie sich darüber Gedanken machen, ob Hinz und Kunz ihr Leben richtig gestalten. Geschwätz und Werturteile über andere werden im Englischen oft auch „stinking thinking" genannt. Sie vergiften die Atmosphäre und lenken von der eigenen Lebensgestaltung ab. Oftmals verurteilen wir am anderen genau das, was wir vor uns selbst verstecken. So sagt unser Urteil gar nicht so viel über andere, aber sehr viel über uns selbst aus.

Heute will ich ganz bewusst einen Menschen aus meinem Urteil entlassen.

24

Jeder Mensch ist im wahrsten Sinne des Wortes so lange krank und arm, bis er sich an sein wahres Selbst erinnert und an den, der er wirklich ist und lebt – als ER selbst.

Nicht jeder muss Millionär werden, um sich reich zu fühlen. Reichtum, das ist in erster Linie ein Reichtum des Herzens. Dieser entsteht, wenn man es aufgibt, sich mit anderen zu vergleichen und stattdessen seinen eigenen Lebensstil und sein eigenes Lebensverständnis entwickelt. Dann entsteht eine Zufriedenheit, ein Einklang mit sich selbst, der sogar angesichts äußerer Armut die Fülle und den Reichtum der Schöpfung entdeckt und von ihm genährt wird.

Heute will ich mir einmal ganz bewusst der Fülle bewusst werden, in der ich lebe, und für sie dankbar sein.

25

Wenn Sie Ihren vollkommenen Körper entwickeln möchten, ist es wichtig, dass Sie lernen, sich selbst zu lieben und zu achten. Alle Dinge entfalten ihre Schönheit, wenn sie durch Liebe und Wertschätzung genährt werden.

Ein Baum wächst immer von innen nach außen. Und so wird auch äußere Schönheit durch Liebe und Wertschätzung entwickelt, die ich für mich und meinen Körper entwickle. Dies bedeutet, meinen Körper als Geschenk Gottes, als „Paradiesmaschine" anzuerkennen, statt ihn zu leugnen. Ich bin nicht mein Körper, ebenso wenig, wie ich mein Auto bin. Aber genauso, wie ich mein Fahrzeug pflegen und in Form bringen kann, kann ich auch meinen Körper ehren, nähren und verschönern durch die Aufmerksamkeit meines liebenden Selbst.

Heute schaue ich einmal ganz bewusst in den Spiegel und sage zu meinem Körper, ja zu jedem Körperteil: „Ich liebe dich!"

26

Um einen schönen Körper zu haben, sollten Sie dem natürlichen Fließen der eigenen Energie folgen: Schlafen, essen, ruhen und sich bewegen, wann immer Sie es möchten. Und es bedeutet, dass Sie lernen, sich selbst zu vertrauen.

Unser Körper sagt uns eigentlich in jeder Situation, was er sich von uns wünscht, um gesund und schön zu sein. Wir selbst haben die Aufgabe, in ständigem Biofeedback mit ihm zu leben, ihn zu ehren und ihm zu geben, was er von uns braucht. Wir sollten seine Signale nicht missachten, aber ihm schon gewisse, angemessene Leistungen abverlangen. Mit anderen Worten: Wir sollten mit unserem Körper in liebevollem Einklang leben – dann bleibt er schön und gesund.

Heute will ich einmal ganz bewusst auf meinen Körper hören.

27

Ich habe noch niemanden angetroffen, der seine Ziele mit möglichst viel Aufwand und besonders langsam erreichen wollte. Und trotzdem: Die Aussage „mit möglichst wenig Aufwand" widerspricht unserer ganzen westlich-christlichen Erziehung. Denn es ist uns gesagt worden, wir müssten im Schweiße unseres Angesichts unser Brot verdienen.

Wenn wir die Natur beobachten, können wir auch ihre Effizienz beobachten. Effizienz ist ein Zeichen von Intelligenz. Natürlich sollten wir uns nicht vor der Arbeit drücken, aber niemand kann uns zwingen, unsere Arbeit so lustlos, verbissen und angestrengt wie möglich zu tun – warum auch, es wäre dumm und sinnlos.

Heute will ich einmal meine Aufgaben so spielerisch, freudvoll und leicht wie irgend möglich erfüllen und beobachten, ob das meine Effizienz steigert.

28

Leben heißt lernen. Meine Aufgabe ist es, das Gelernte in Leben umzuwandeln.

Die ganze Natur lernt beständig. Sie entwickelt und verfeinert sich. Dafür braucht sie im Evolutionslabor Erde Jahrtausende. Wir als Menschen können unsere Entwicklung beschleunigen, indem wir im Einklang mit der restlichen Natur lernen – aber schneller als sie. Wenn wir uns um Erkenntnis, Weisheit und wahre Einsicht bemühen, erleben wir eine steigende Eleganz in unserem Wirken auf der Erde – wir lernen, und unsere kreative und soziale Intelligenz steigt.

Heute will ich mir einmal bewusst machen, was ich heute bereits gelernt habe und morgen in Leben umwandeln will.

29

Unser Auftrag ist es, vom Haben über das Sein zum Schöpfungswillen zu finden, vom Instinkt über das Ego zum wahren Selbst und damit zu Gott.

Das Ego und damit die Illusion der Trennung vom Ganzen stellt eine Zwischenstufe dar. Sie ist notwendig, damit wir uns vom instinktgetriebenen Tier erheben und eine eigenständige Persönlichkeit entwickeln. Auf diesem Weg lernen wir, unsere Aufmerksamkeit zu steuern – eine Gabe, die das Tier nicht hat. Wir erfahren die Polarität, Stimmiges und Unstimmiges, Sünde und Rückverbindung und lernen so, uns immer mehr mit der einen Kraft, die wir Gott nennen, zu verbinden. Dafür ist das Menschsein gut.

Heute will ich einmal ganz bewusst dafür dankbar sein, dass ich einen menschlichen Körper habe und in ihn Sehnsucht nach dem Ganzen, nach Gott entwickeln kann.

30

Lernen Sie wieder, Bilder und Gedanken aus der inneren Schatzkammer der Fantasie zu tanken – statt von außen.

Als wir Kinder waren, verfügten wir noch über eine unermessliche Fantasie. Allerdings lebten wir diese zügellos aus und waren noch unfähig, sie zu beherrschen. Dann später lernten wir, die Fantasie zu beschneiden zugunsten der Ratio. Wir erfuhren die Licht- und Schattenseiten des folgerichtigen Denkens. Nun ist die Zeit gekommen, uns unserer Fantasie zu erinnern. Nicht um uns an ihr zu berauschen, sondern um ihr bewusst bei der eigenen Lebensgestaltung ein Mitspracherecht einzuräumen.

Heute will ich einmal ganz bewusst meinen „inneren Träumer" aktivieren und meinen inneren Träumen und positiven Fantasien auf die Spur kommen.

Mai
Selbstverwirklichung

1

Jeder kann nur auf seine ganz persönliche Art und Weise erfolgreich sein. So gibt es auch für mich meinen ganz persönlichen Weg zum Erfolg. Nur wenn ich ihn erkenne und ihm folge, finde ich nicht nur Erfolg, sondern vor allem Erfüllung.

Es ist gut, Vorbilder zu kennen und deren Erfolgswege mitzuverfolgen. Wir erkennen dabei, wie das Leben spielt und wie die „Zufälle" des Lebens mit der Lebensabsicht des Betreffenden interagieren. Doch diese Biografien können nur als Beispiel dienen. Jeder hat seinen eigenen Weg zu dem, was für ihn, für seine Seele, sein Selbst Erfolg bedeutet. Erwacht zu sein bedeutet, dies wahrzunehmen und sozusagen Gott bei der Arbeit zuzuschauen – wie er das Kunstwerk gestaltet, als das wir gemeint sind.

Heute will ich einmal ganz bewusst erkennen, was MEIN Schlüssel zum Erfolg ist, was Erfolg für MICH überhaupt bedeutet und MEINEN Erfolg ehren.

2

Es ist nicht sinnvoll, dem Weg eines anderen zu folgen, mag er ihn noch so erfolgreich gegangen sein. Ich muss schon in mich lauschen und meinen eigenen Weg erkennen, damit ich mir selbst folgen kann.

Gott wiederholt sich nicht: Er hat für jeden Menschen einen einzigartigen Weg vorgesehen und auch ein einzigartiges Verständnis von Erfolg. Für den einen kann beispielsweise ein schönes Familienleben den höchsten (seelischen) Erfolg bedeuten, für den anderen ist es die Abgeschiedenheit, Losgelöstheit und Selbstbesinnung eines Singledaseins. Statt mit unserem Lebensweg zu hadern, sollten wir entdecken, was gut an ihm ist, und in uns entdecken, was das Juwel ist, das Gott durch uns schleifen und zum Glänzen bringen will.

Heute will ich einmal ganz bewusst meine Lebensumstände wertneutral beschreiben, sie mir innerlich bewusst machen und sie ehren.

3

Das Nachlassen oder der Verlust von Selbstidentifikation erzeugt im Selbst Disharmonie. Solange ich aber das Zentrum der Wahrnehmung im Körper habe, spüre ich durch die Identifikation mit dem Körper, dem Ego und der Persönlichkeit die Disharmonie im Selbst nicht.

Körper, Ego, Persönlichkeit und Selbst haben grundsätzlich eigenständige Interessen. Diese können sich überlappen oder auch konträr gegeneinander verlaufen. Unser Körper will beispielsweise körperliche Behaglichkeit, unser Ego Bestätigung und unser Selbst Stimmigkeit und Fortschritt in der Entwicklung. Es ist unsere Aufgabe, mit diesen scheinbar widerstreitenden Kräften umzugehen und sie weise zu führen. Wir sollten ein feines Empfinden für die Unstimmigkeit im Selbst kultivieren – so vermeiden wir Selbstvergewaltigung und Disharmonie.

Heute will ich mein Bewusstsein für mein wahres Selbst öffnen und erkennen, was ihm für diese Lebensreise besonders wichtig ist.

4

Selbstverwirklichung bedeutet, die eigene Wirklichkeit zu erkennen und aus ihr heraus zu leben – sein eigenes Selbst durch sich wirken zu lassen.

Wir haben oftmals völlig falsche Maßstäbe, weil wir fernab der Wirklichkeit leben. Wir halten den Menschen für einen Realisten, der sich mit den Gegebenheiten auskennt, der Land, Leute und die Tagesneuigkeiten kennt. Doch die Beschreibung einer Landschaft sagt noch nichts darüber aus, mit welchen Farben wir eine neue Landschaft auf die Leinwand unseres Bewusstseins malen können. Wir sollten wirken, statt zu werken.

Heute will ich einmal ganz bewusst die durch mich wirkende Kraft aufspüren und wahrnehmen, was sie durch mich will, und dankbar dafür sein, dass es sie gibt.

5

Die eigene Wirklichkeit muss nicht geschaffen, sondern nur erkannt und „in Erscheinung gerufen“ werden. Damit habe ich die Wirklichkeit auf meiner Seite, und der Erfolg wird unvermeidbar.

Erscheinung ist das, was auf der „Bühne des Lebens erscheint“, in einer Welt des Scheins. Die Dinge sind nicht, wie sie scheinen. Sie unterstehen dem Bewusstsein, das sie in Erscheinung rief. Viele Dinge lagern fertig in der Schatzkammer des Bewusstseins, wartend darauf, durch uns in Erscheinung gerufen zu werden, sobald die Zeit dafür reif ist. Wann immer wir an unserer Wirklichkeit herumbasteln oder herumdoktern, ist die Wahrheit noch fern.

Heute werde ich mir einmal bewusst, was durch mich erkannt und in Erscheinung gerufen werden möchte.

6

Die meisten Menschen sind gern bereit, Geld und Zeit einzusetzen, um etwas für ihren Körper zu tun, ihn zu pflegen und fit zu halten. Das ist sicher nicht falsch, aber verglichen mit der Entwicklung des Bewusstseins zweitrangig. Denn früher oder später wird der Tag kommen, wo Sie diesen Körper ablegen werden, wie einen alten Wintermantel. Ihr Bewusstsein aber lebt weiter, denn das sind Sie.

Es heißt, dass sogar die Engel sich vor den Menschen verbeugen, weil diese im Gegensatz zu den Engeln die Chance haben, ihr Bewusstsein zu entwickeln und so Gott näher zu kommen. Dieser Planet ist eine wunderbare Schule des Lernens und Erkennens: Ich sollte ihn nutzen, um zu dem zu werden, der ich sein könnte – nicht durch äußere Errungenschaften, sondern im Tempel meines eigenen Herzens.

Heute will ich ganz bewusst etwas für meine Bewusstseinsentwicklung tun.

7

Es geht nicht nur um das Heilsein meiner Seele, sondern ebenso um die Vereinigung meiner individuellen Seele mit der Weltenseele. Erst wenn auch diese Einheit wiederhergestellt ist, bin ich wirklich geheilt.

In den Rig Veda heißt es, dass alle Stoffe und Elemente, die das Weltall und die anderen Reiche der Natur geschaffen haben, auch uns hervorgebracht haben. Die ganze Welt lebt durch uns, so wie wir in der Welt leben. Wir sind von der Weltenseele nicht getrennt, auch wenn wir einen separaten Körper bewohnen. Indem wir unser Bewusstsein mit dem der Weltenseele in Einklang bringen, erfahren wir die Einheit allen Seins.

Heute will ich meine Einheit mit den anderen Königreichen der Natur bekräftigen, indem ich mich geistig mit einer Pflanze oder einem Tier verbinde.

8

Irgendwann, früher oder später, wachen wir auf und stehen vor der Aufgabe, wirklich zu leben. Niemand hat uns das beigebracht. In der Schule haben wir Lesen, Schreiben und Rechnen gelernt. Doch keiner hat uns gelehrt, was „Lebensführung" bedeutet.

Leben ist eine Liebesbeziehung zwischen DEM Leben und uns. Lebensführung stellt einen wechselseitigen Prozess innerhalb dieser Liebe dar. Wir LASSEN uns vom Leben führen, und wir FÜHREN unser Leben, es ist ein gemeinsamer Tanz. Diesen Tanz nennen wir Liebe. Wenn wir diesen „Tanz der Liebe" begriffen haben, bewegen wir uns geschmeidig im Leben, stimmig, im Einklang mit dem Leben, das wir führen und das uns führt.

Heute will ich ganz bewusst meine Liebesbeziehung zu dem Leben und alles, was mir das Leben – und damit Gott – entgegenbringt, annehmen.

9

Jeder Mensch spielt sein Spiel im Leben und kann nur Erfüllung finden, wenn er ein spielenswertes Spiel gefunden hat. Was macht mein Leben lebenswert?

Wir alle spielen irgendwelche Rollen im Leben, meist ohne uns dessen bewusst zu sein. Der eine spielt „Schwein am Futtertrog“ (Raffgier), der andere „Polizist der Welt“ (Moralapostel). Die meisten Spiele sind reine Egospiele und führen in die „drei D's“ Dumpfheit, Dummheit und Disharmonie hinein. Wenn wir ein spielenswertes Spiel finden wollen, dürfen wir nicht nach außen sehen, sondern wir müssen uns „erinnern“, das heißt „im Inneren sehen“.

Heute will ich mich damit auseinandersetzen, wer ich bin und wie ich von der Schöpfung gemeint bin, und so ein spielenswertes Spiel finden.

10

Viele greifen zu Drogen oder werden süchtig, weil sie an sich selbst vorbeileben.

Jede Droge, jede Sucht ist ein Zeichen einer verfehlten Suche. Uns Menschen ist die Beharrlichkeit gegeben, damit wir an unserer Suche festhalten können, bis wir am Ziel angelangt sind. Dies bedeutet, wir sollten immer wieder anklopfen, bis uns aufgetan wird. Wer aber immer wieder an der falschen Stelle klopft, für den endet die Suche nicht im Finden, sondern in einer Fixierung, der Sucht. Nicht umsonst nennt man in der Sprache der Junkies den Drogenkonsum „fixen".

Heute will ich einmal meine Gewohnheiten daraufhin überprüfen, ob sich dort eine Sucht eingeschlichen hat, und auf diese Sucht einmal bewusst verzichten.

11

Machen Sie sich frei von allem, was nicht mehr wirklich zu Ihnen gehört.

Unabhängig von dem Absoluten, das uns begleitet, hat jeder Mensch auch seine Eigenart, die mit seiner Inkarnation zusammenhängt. Diese macht das Profil eines Menschen aus. Sie darf auch gelebt werden, wenngleich wir uns nicht mit unserer Eigenart identifizieren sollten. Vieles, was wir mit uns herumschleppen, entspricht aber gar nicht unserer Eigenart, sondern unseren Konditionierungen durch Eltern, Vorbilder, Trendmacher oder Fernsehen.

Heute will ich mir einmal ganz bewusst meine Verhaltensmuster ansehen und überprüfen, ob dort ein altes Muster loszulassen ist.

12

Stimmig zu sein ist nicht starr, sondern ändert sich ständig. Versteifen Sie sich also nicht in einer bestimmten Position, sondern lassen Sie sich vom „Fluss des Lebens“ tragen. Spüren Sie einmal bewusst die Veränderung des „Stimmigseins“.

„Stimmigkeit“ lässt sich wahrnehmen. So wie wir mit den äußeren Tastsinnen erfühlen können, ob eine Tischdecke eben oder gewellt ist, so können wir mit den inneren Sinnen ertasten, ob eine Verhaltensweise stimmig oder unstimmig ist. Da uns dies leider nie jemand beigebracht hat, müssen wir diesen inneren Sinn trainieren. Das Schöne ist: Wir KÖNNEN dies.

Heute gehe ich einmal ganz bewusst „stimmig“ durch den Tag.

13

Die Menschen fragen mich oft, ob es ein Leben nach dem Tod gibt. Viel wichtiger ist jedoch die Frage, ob es ein Leben vor dem Tod gibt. Viele sterben, ohne je wirklich selbst gelebt zu haben.

Der Tod ist die Abschlussprüfung des Lebens. Er fordert das totale JA von uns, das „Einverstandensein". Am Lebensende überprüfen wir mit Hilfe unseres inneren Gewissens, ob wir wirklich gelebt haben. Wenn wir unser Leben Tag für Tag, Minute für Minute aus dem Augenwinkel des Todes betrachten, bekommen unsere Handlungen eine andere Qualität. Wir lernen, „reinen Herzens" zu leben und zu sterben, weder etwas zu verdrängen noch etwas zu erzwingen. Wir sterben in den Augenblick hinein. Das ist Hingabe.

Heute will ich ganz bewusst jede Minute des Tages so auskosten und bewusst gestalten, als sei sie die letzte meines Lebens.

14

Mit dem Geist ist es wie mit einem Fallschirm: Er nützt nur etwas, wenn er sich entfaltet.

Beobachten wir doch einmal einen Fallschirm in seiner Schönheit: Ein Mensch springt aus der Höhe ab, wird dann sanft aufgefangen und auf die Erde getragen. Genauso möchten unsere erhabenen und hochstehenden Gedanken aus der Höhe des Bewusstseins auf die Erde gleiten, um hier „lebend" anzukommen. Bewusstseinsentfaltung ist ein behutsamer, sich öffnender Prozess. Indem wir unseren Geist vorsichtig von innen heraus „öffnen", können unsere erhabenen Gedanken einen Weg zur Erde finden, ohne an der harten Alltagswirklichkeit zu zerschellen.

Heute will ich ganz bewusst einmal meinen Geist für einen erhabenen Gedanken öffnen und ihn in der Alltagswirklichkeit aufrechterhalten.

15

Was ich für meine Bewusstheit mache, das bleibt mir für alle Zeit. Ich sollte daher lernen, meine Bewusstheit wirklich in Besitz zu nehmen.

BewusstHEIT ist etwas, das stets im „Hier und Jetzt" stattfindet, im Gegensatz zum BewusstSEIN, das jenseits aller Zeit beheimatet ist. Es gibt eine innere Instanz in uns, die BewusstHEIT hervorbringen kann. Indem wir uns darin üben, sie in dieser und jener Situation auszudrücken, wird sie zu einem Seinszustand, und wir erwachen aus unseren „Tagtrancen" in ein mit BewusstHEIT erfülltes Leben.

Heute will ich, bevor ich mich ausdrücke, in meine innere Bewusstheit gehen und prüfen, ob dieser Ausdruck meiner Bewusstheit entspricht.

16

Das Bewusstsein ermöglicht es, dass ich eine immer höhere Sicht der Dinge entwickle und die Wirklichkeit hinter dem Schein erkenne.

Wenn wir die Dinge von oben sozusagen aus der Vogelperspektive betrachten, dann gewinnen wir einen umfassenderen Gesichtspunkt. Manchmal ist unsere Perspektive zu klein, weil wir zu dicht an den Umständen und Dingen kleben. Wenn es uns aber gelingt, uns über die engstirnigen Betrachtungsweisen zu erheben und wie ein Adler aus der Vogelperspektive auf uns und unsere Lebensumstände zu blicken, dann erkennen wir sehr klar, was zu tun ist.

Heute will ich mir meine Lebenssituation einmal aus der Vogelperspektive ansehen und auf Stimmigkeit untersuchen.

17

Zur Selbstverwirklichung gehört auch die „Erinnerung an die Zukunft".

Die beiden Forscher Karl Pribram und Nico Spinelli haben herausgefunden, dass es nicht nur Informationsströme gibt, die aus der Vergangenheit stammen, sondern auch sogenannte „Botenwellen", die aus der Zukunft ins „Hier und Jetzt" fließen. Wenn wir es aufgeben, die Vergangenheit um Rat zu fragen, und unsere Bewertungen, ja unser gesamtes duales Denken loslassen, dann öffnet sich unsere innere Wahrnehmung, und wir „fühlen" mit unserem Geist, welche Art von Botenwellen aus unserer eigenen Zukunft zu uns finden möchten.

Heute öffne ich meinen Geist für Informationsströme, die aus meiner Zukunft kommen, und „fühle" sie, so gut es geht – alleine der Versuch zählt.

18

Wir alle haben „lebenslänglich“ – aber ich kann frei bestimmen, ob ich das als Strafe abbüße oder „frohen Herzens genieße“.

Stanislav Lec sagte einmal: „Dem Menschen täte ein lebensfreier Tag gut.“ Was er damit womöglich meinte, ist ein Tag ohne die Zwangsjacke unserer Konditionierungen, ein Tag „Urlaub für immer“. „Urlaub für immer“ ist für jeden möglich – wir müssen nur den Mut haben, ganz „wir selbst“ zu sein. Dann kann alles, was wir tun und denken, ein Schlüssel zur Freude darstellen.

Heute mache ich einmal „Urlaub von mir selbst“, das heißt Urlaub von meinem „kleinen Ich“, und erlaube dem, was größer ist als „Ich“, durch mich zu leben.

19

Meine Einstellung zu mir selbst und meinen Lebensumständen kann ich JEDERZEIT ändern, am besten gleich heute.

Nicht die Dinge sind es, die uns belasten, sondern unsere Einstellung zu ihnen. Wenn wir uns beispielsweise den Spielfilm *Das Leben ist schön* ansehen, dann zeigt uns dieser Film, dass wir selbst in misslichen Umständen das Leben genießen können. Es liegt nur an der Art, wie wir unsere Welt wahrnehmen. Hier unterscheidet sich Positivität von Miesmacherei.

Heute will ich einmal einen Blick auf schwierige Aspekte meiner Umstände oder Vergangenheit werfen und mich fragen, was GUT daran ist.

20

Erkennen Sie, welche Chance SIE dem anderen sein können. Suchen Sie aber nicht nach etwas Bestimmtem, sondern bleiben Sie offen für das, was das Leben bietet.

Viele Menschen wollen ihre gesamte Umwelt „umerziehen“ und nach ihren Maßstäben so formen, wie sie diese gerne hätten. Dies ist aber keine Hilfe, sondern eine Vergewaltigung der anderen, ein Missbrauch an ihrer Souveränität. Wenn wir die anderen akzeptieren, so wie sie sind, werden sie sich uns von selbst öffnen und uns sagen, womit wir ihnen dienlich sein können.

Heute will ich voller Bewusstheit durch den Tag gehen – offen für den Menschen, der heute das Glück hat, mir zu begegnen.

21

Nur wer selbst überzeugt ist, überzeugt auch andere! Nur wer selbst begeistert ist, begeistert auch andere! Derjenige, der aber nicht an sich (sein) selbst glaubt, kann auch nicht erwarten, dass andere an ihn glauben.

Unsere Welt ist voller Lippenbekenntnisse. Wir sagen Dinge, die wir selbst nicht glauben, vielleicht weil sie klug klingen oder wir sie irgendwo gelesen haben. Die wichtigste Bibel aber, die wir finden können, ist die „Bibel unseres inneren Herzens“. Sie beinhaltet das, was wir aus uns selbst heraus erkannt haben, geschrieben an den Orten, an denen wir „Zeuge des Lebens“ gewesen und daher „überzeugt“ sind. Wir tun gut daran, ein Gefühl für diesen inneren Zeugen zu entwickeln, statt aus eigener Unbewusstheit „falsch Zeugnis zu reden“.

Heute will ich einmal ganz bewusst in mich hineinhören, was ich aus mir selbst heraus weiß und erkannt habe – und dieses Wissen bei Bedarf vermitteln.

22

Humor ist sanft und aufbauend, aber auch ein kraftvoller Weg zu innerer Freiheit und zum Heilsein, weil er uns wieder in die Unmittelbarkeit und Ganzheit des Lebens führt.

Im Humor liegt die Lebensweisheit, der Lebenswitz verborgen. Lesen wir beispielsweise Sonette von Shakespeare oder Gedichte von Goethe, dann fühlen wir den durch solch große Geister sich ausdrückenden Humor. Voraussetzung für seine Geburt ist die Gabe, die Dinge so zu sehen, wie sie „sind“ und nicht wie sie „sein sollten“. Aus dem tiefsten Existenzialismus erwächst der hintergründigste Humor.

Heute will ich mich einmal in der „Kunst des Lächelns“ üben. Dafür betrachte ich einmal eine schwierige Situation und lächle gedanklich in sie hinein.

23

Wirkliche Geistesgegenwart ist sehr viel mehr als bloße Schlagfertigkeit. Wie die Weisheit der Sprache schon zeigt, ist sie die Gegenwart des Geistes.

Es gibt einen feinen Unterschied zwischen „Schlagfertigkeit" (der Fertigkeit zu schlagen) und „Liebesfertigkeit" (der Fertigkeit, liebevoll und spielerisch mit dem Leben umzugehen). Für beides benötigt man Geistesgegenwart. Doch während bei der Schlagfertigkeit die Geistesgegenwart genutzt wird, um dem anderen eine Niederlage beizubringen, wird bei der Liebesfertigkeit der andere erhoben.

Heute will ich einmal ganz bewusst meine Geistesgegenwart einsetzen, um in mir und dem anderen ein Gefühl für Ganzheit, Stimmigkeit und Liebe zu erwecken.

24

Man kann nicht nur alles, was IST, akzeptieren, man muss es auch. Diese Feststellung hat mit reiner Logik zu tun: Denn das, was IST, das IST, und wenn etwas IST, dann hat es keinen Sinn, sich darüber aufzuregen. Es wird deswegen nicht anders.

Es gibt einen Dreiklang: Toleranz, Akzeptanz, Liebe. Hierbei ist jede der drei Eigenschaften eine Steigerung der vorangegangenen. Wenn wir etwas nicht akzeptieren können, sollten wir es zumindest tolerieren, also dulden. Irgendwann können wir es annehmen, dann brauchen wir keine „Ge(h)-duld" mehr, wir akzeptieren das, „was ist", und unser Bewusstsein ist umfassender geworden. Irgendwann gelingt es uns, in das, „was ist", unsere Liebe einzubringen – erst ab diesem Zeitpunkt werden wir zum Mitschöpfer und „Verwandler" unserer Realität.

Heute will ich mir einmal eine (gedankliche) Liste anfertigen, auf der ich notiere, was ich tolerieren, was ich akzeptieren und was ich schon lieben kann.

25

Das Wort „unmöglich“ können Sie aus Ihrem Wortschatz streichen.

Alles, was wir denken können, ist zumindest gedanklich möglich. Es kann sein, dass UNS das Gedachte nicht möglich ist oder noch nicht. Es ist auch vorstellbar, dass Umstände es erschweren, das Gedachte sofort umzusetzen. Und doch ist es zumindest gedanklich möglich. Das Wort „unmöglich“ sperrt den Geist in das Gefängnis der Gegebenheiten ein, bringt den „inneren Träumer“ zum Ersticken. Deshalb sollten wir statt „unmöglich“ lieber sagen, dass uns etwas momentan „schwer vorstellbar“ erscheint – das zeigt den Weg auf.

Heute will ich einmal darüber nachdenken, was ich mit meinem Leben anfangen würde, wenn es das Wort „unmöglich“ nicht gäbe.

26

Mein Selbstbild bestimmt mein Leben.

Das, was uns am tiefsten beeinflusst, sind nicht unsere Vergangenheit oder unsere Lebensumstände, sondern unsere Identität. Wir haben, ob wir uns dessen bewusst sind oder nicht, ein „inneres Bild“ von uns. Unsere Umstände spiegeln dieses Bild, das wir von uns haben. Indem wir unsere Lebensumstände nutzen, um uns an „uns selbst“ zu erinnern, rücken sich nicht nur die Lebensumstände zurecht – unser Selbstbild wird schöpfungsgerechter und damit „stimmiger“, für uns und andere.

Heute will ich mich einmal bewusst daran erinnern, wann und wo mein Selbstbild eine positive Veränderung erfahren hat.

27

Viele Menschen zweifeln daran, dass es in unserer hektischen Zeit möglich ist, den geistigen Weg zu gehen. In Wirklichkeit aber ist es umgekehrt: Jedes Bestreben, sich von der Welt abzuwenden, trennt vom lebendigen Strom des Lebens.

In der Stille und der Weltabgewandtheit kommen wir in Kontakt mit der „inneren Stimme", mit einem Gefühl von Stimmigkeit und mit subtilen Aspekten von uns selbst. Unsere Aufgabe ist es aber nicht, in dieser Weltabgewandtheit zu verharren, sondern das dort Erfahrene in die Welt hineinzutragen – nur so werden wir wirklich reif.

Heute will ich einmal ganz bewusst an einen lauten, unruhigen Platz gehen und genau in dieser hektischen Situation meine innere Stille wahrnehmen.

28

Sobald ich das höchste Bewusstsein im anderen anspreche, lösen sich alle Auseinandersetzungen und Konflikte von(m) selbst.

Aus der Mythologie kennen wir den Begriff des „Diabolos“, der aus dem griechischen „Dia“ (auseinander) und „ballein“ (werfen) abgeleitet wird. Eine Auseinandersetzung ist aber deshalb nicht nur schlecht so wie der Diabolus. Der Konflikt der Auseinandersetzung zwingt zur Integration und Integrität, dazu, das höchste – und damit EINE – Bewusstsein anzusprechen, unser Bewusstsein und unsere Kraft wird dadurch erweitert.

Heute will ich eine (innere oder äußere) Auseinandersetzung, in der ich stehe, mit der Sicht und Integrität des höchsten Bewusstseins durchdringen.

29

Die Fantasie tröstet die Menschen über das hinweg, was sie nicht sein können, und der Humor über das, was sie tatsächlich sind.

Würde es uns an Fantasie fehlen, wäre unser Leben karg und leer wie ein Baum ohne Blätter. Fantasie bringt Farbe sogar in einen grauen Regentag. Doch auch wenn wir Fantasien pflegen, sollten wir uns und unser Leben realistisch betrachten. Um dabei die Kluft zwischen Fantasie und Realität zu ertragen, brauchen wir die Liebe und den Humor, wobei letzterer die Aufgabe hat, das Ego und seine Bitterkeit aus dem Weg zu räumen. Dann bildet sich eine Brücke zwischen dem, was wir sind und dem, was wir gerne wären.

Heute will ich einmal auf dem Wolkenteppich in das Reich meiner Fantasie entschweben und mir ansehen, wie ich gerne leben würde.

30

Selbstverwirklichung heißt nicht, mein Ego, meine Flausen, nicht einmal meine Persönlichkeit zu verwirklichen, sondern mein wahres Selbst.

Fragen Sie sich wieder einmal ganz bewusst, wer Sie wirklich sind. Fragen Sie sich: „Wer bin ich? Was ist für mein wahres Selbst wirklich wichtig?“ Es gibt eine „Schubkraft der Liebe“, die Sie durch das Leben schiebt. Gewinnen Sie Vertrauen darin und entspannen Sie sich in dem Wissen, dass Sie nie etwas anderes sein müssen als Sie selbst!

Heute will ich einmal ganz bewusst die innere „Schubkraft der Liebe“ spüren.

31

Indem ich meinen Willen mit dem Schöpfungswillen in Einklang bringe, vermeide ich unnötiges Schicksal.

Eigenwilligkeit und Einklang mit dem Schöpferwillen fühlt sich unterschiedlich an. In der Eigenwilligkeit gibt es einen Gedanke, den wir durchsetzen wollen. Er ist getrieben von Energien, die wir vielleicht Ehrgeiz, Lust, Dominanzgebaren oder auch Angst nennen. In uns ist dann eine Spannung und eine Abkapselung von dem großen Ganzen. Im Extremfall gehen wir sogar über Leichen. Einklang mit dem Schöpferwillen ist ein Akt der Hingabe. Es handelt sich um die gleiche Energie des Willens, aber sie ist aus der Hingabe geboren, nicht aus dem Ego.

Heute will ich bewusst meinen Willen an das „große Ganze" hingeben und ihn im Einklang mit diesem „großen Ganzen" zum Ausdruck bringen.

Juni
Emotionen

1

Eines der häufigsten Probleme, denen ich in meiner Arbeit begegne, ist, dass so viele Menschen den Kontakt mit ihrer Gefühlswelt verloren haben.

Die Gefühle sind eine wertvolle Verbindung zwischen unserer inneren und der äußeren Welt. Leider haben wir uns angewöhnt, Gefühle zu konsumieren, statt uns als fühlende Wesen in dieser Welt zu begegnen. Häufig liegt dem die Angst vor „negativen" Gefühlen zugrunde. Wir wissen nicht, wie wir mit ihnen umgehen sollen – das hat uns keiner beigebracht. Doch wenn wir den Mut aufbringen, bewusst zu fühlen, was wir fühlen, zeigt das Gefühl selbst uns den Weg.

Heute will ich einmal mein Gefühl, das ich in mir trage, ganz bewusst wahrnehmen, mich ganz ehrlich fragen: „Wie geht es mir, wie fühle ich mich heute?"

2

Wenn ich meine Gefühle unterdrücke und mich von ihnen abspalte, kann ich nicht mit dem Universum in meinem Inneren in Berührung kommen.

Niemand käme auf die Idee, zu sagen: „Ich nehme meinen Körper an, nur mein linkes Bein, das nehme ich nicht an." Würde jemand dies tun, könnte er ja nicht richtig gehen. Ebenso ist es mit unseren Gefühlen. Wir müssen sie annehmen, sonst fehlt uns etwas Wertvolles. Dies bedeutet aber nicht, dass wir unsere Gefühle blind ausagieren. Es besagt lediglich, ihnen zu erlauben, da zu sein. Sie drücken etwas sehr Kostbares über uns selbst aus. Indem wir unsere Gefühle, auch die unangenehmen, annehmen, nehmen wir auch unsere Potenziale in Besitz.

Heute will ich einmal ganz bewusst in mich hineinfühlen und erspüren, welche Gefühle ich momentan hege.

3

Es gibt keine negativen oder positiven Gefühle. Ich gebe ihnen nur eine negative oder positive Richtung, indem ich sie ablehne oder annehme. Auch in meiner Therapie unterstütze ich die Menschen darin, ihren blockierten Gefühlen freien Lauf zu lassen.

Gefühle haben eine sonderbare Eigenschaft: Wenn wir sie unterdrücken oder ablehnen, werden sie bösartig und wenden sich gegen uns. In dem Augenblick aber, in dem wir sie bewusst annehmen, verwandeln sie sich ins Positive. So kann sich der Schmerz der Trauer zur Schönheit der Tiefe, die Heftigkeit der Wut zu vitaler Kraft, die Tiefe der Depression zur Einstimmung in das Ganze und Schmerz zu positivem Mitgefühl wandeln.

Heute will ich mich meiner Gefühlswelt in meinem Inneren zuwenden und mich fragen, welches Gefühl ich möglicherweise ablehne – um es dann liebevoll anzunehmen.

4

Wenn ich in mir eine Angst vor bestimmten Gefühlen trage wie Traurigkeit oder Wut, dann ziehe ich die emotionale Notbremse, sobald sie in mir aufkommen. Ich will diese Gefühle nicht voll und ganz durchleben. Deshalb bleibe ich auf halber Strecke darin stecken und gehe niemals völlig durch sie hindurch.

Die meisten Menschen leben im Widerstand zu unangenehmen Gefühlen und dadurch auch in einer Welt der Vermeidung und der Verleugnung. Wenn wir aber den Mut aufbringen, in unsere Gefühle bewusst und tief hineinzugehen – vielleicht auch unter therapeutischer Begleitung –, dann erleben wir das Wunder, dass das Gefühl, so unangenehm es war, uns trägt. Es hat seine eigene Methode, sich selbst zu verdauen und auszuscheiden, wenn wir ihm nur den Weg dafür freigeben, Geduld haben und lernen, bewusst hinzuspüren.

Heute will ich mir ein bisher ungeliebtes Gefühl vornehmen und es eine Zeit lang – sagen wir zehn Minuten – bewusst spüren und dann loslassen.

5

Oft kommen Menschen in meine Seminare, um das „positive Denken“ zu erlernen, weil sie nicht in ihren negativen Gefühlen verstrickt bleiben wollen. Sie sind dann sehr erstaunt, wenn ich sie dazu auffordere, ihre negativen Gefühle mehr, nicht weniger, zum Ausdruck zu bringen!

Obwohl Denken und Fühlen zweierlei Dinge sind, sollen sie jedoch in uns zusammenarbeiten. Aber nicht, indem das Denken das Fühlen abtötet oder determiniert, denn das wäre ja kein (Hin-)Fühlen mehr. Man würde das Fühlen nur in den Dienst des Denkens stellen und das mit fatalen Gefühlen. Wir hätten dann nur noch „mentalisierte Gefühle“ auf Kosten unserer emotionalen Feinfühligkeit. Erst wenn wir bereit sind, Denken und Fühlen getrennt wahrzunehmen, können wir erleben, was gefühlsmäßige Freiheit ist.

Heute will ich wahrnehmen, welche Interpretationen ich mit meinen Gefühlen verbinde, und diese loslassen, sodass nur noch das nackte Fühlen übrig bleibt.

6

Wenn du bereit bist, ein bestimmtes Gefühl geschehen zu lassen, befreit sich die blockierte Energie sehr schnell und das Gefühl löst sich auf. Wenn das Gefühl erst einmal an die Oberfläche gekommen ist und voll ausgelebt wird, verschwindet es gewöhnlich innerhalb von Minuten.

Werner Erhard, der Begründer des EST-Trainings, sagte einmal sehr schön: „Was verdrängt wird, bleibt bestehen – was wiederbelebt wird, verschwindet!" Kaum ein Mensch leidet nicht unter blockierten Gefühlen. Dies ist – leider – völlig normal. Wir sollten aber nicht dort stehen bleiben. Wir sollten unsere Gefühle ins Fließen bringen – damit auch wir im Lebensstrom wieder frei fließen können.

Heute will ich einmal ein Gefühl in mir aufsteigen lassen, es übertreiben wie ein Schauspieler auf der Bühne, es spielerisch ausagieren und dann loslassen.

7

Wenn man die blockierten Emotionen aus der Vergangenheit erst einmal befreit hat, erhält man viel mehr Lebensenergie und Vitalität. Es ist erstaunlich zu sehen, wie sich ein schmerzliches Gefühl in ein paar Minuten auflöst, das vorher 30 Jahre lang unterdrückt worden ist. Nachdem es durchlebt wurde, tritt ein Gefühl der Befreiung und des inneren Friedens an seine Stelle.

Als Kinder wurden wir oftmals bestraft, wenn wir unsere Gefühle ausdrückten. Später als Erwachsene schämten wir uns ihrer. Wir hatten Angst, schwach und hilflos zu erscheinen. Vielleicht empfinden wir uns auch als unreif im Ausdruck unserer Gefühle. Doch Reife im Umgang mit Angst, Wut, Enttäuschung oder Schmerz kann gelernt werden. Dafür müssen wir jedoch bereit sein, einen Raum zu finden, in dem wir nicht bestraft werden, wenn wir unsere Gefühle ausdrücken – und Freunde, die uns annehmen, wie wir sind.

Heute will ich mir einmal ganz bewusst meine Freunde daraufhin ansehen, ob sie in der Lage sind, mich anzunehmen mit all meinen Gefühlen.

8

Wenn ich ein Gefühl unterdrücke, weil ich Angst davor habe, werde ich seelischen Schmerz empfinden. Wenn ich das Gefühl zulasse und es ganz annehme, wird es zu einer intensiven Empfindung, die aber nicht schmerzlich ist.

Unterdrückte Gefühle führen zu einer Abkapselung, im Extremfall zu einer Verhärmung der Seele. Die Seele aber ist es, die uns mit dem „großen Ganzen" verbindet. Wir brauchen unsere Gefühle, um aus ihnen letztendlich die Verbindung zu dem, „was die Welt im Innersten zusammenhält", herzustellen. Unterdrückte Emotionen haben die gleiche Wirkung wie Giftmülldepots: Sie belasten unsere (emotionale) Vitalität.

Heute will ich ganz bewusst – durch Musik oder Besinnung – Kontakt zu meiner Seele aufnehmen und einmal hinspüren, welche Gefühle dabei auftauchen.

9

Gefühle sind wie das Wetter bestimmten Zyklen und ständigen Veränderungen unterworfen. Im Verlauf einer Stunde, eines Tages oder einer Woche durchlebe ich eine breite Gefühlspalette.

Gefühle sind wie ein Gebirgsbach, dessen Verlauf sich permanent ändert. Wir selbst sind wie die Fahrer in einem Kajak. Wenn wir versuchen, uns an Biegungen oder Engstellen unseres Gefühlsbaches festzuhalten, verhindern wir dadurch unser „im Fluss sein“. Wir lassen dann zu, dass Teile von uns regredieren, im Bewusstsein eines Fünfjährigen bleiben, statt den Wechsel der Gefühle wahrzunehmen und daraus emotionale Bewusstheit zu erzielen.

Heute will ich einmal ganz bewusst den Wechsel der Gefühle wahrnehmen, ohne mich mit ihm zu identifizieren.

10

Gefühle sind ein Teil der sich ständig verändernden Sinneswahrnehmung, lebendig zu sein.

Leben bedeutet Veränderung. Ohne Veränderung kein Leben. Wir können nicht unsere Gefühle einfrieren und annehmen, dass darunter nicht unsere Lebendigkeit leiden würde. Statt unsere Emotionen einzufrieren, sollten wir in uns das Unwandelbare suchen, das, was immer war und immer sein wird, und uns mit jenem identifizieren. Dann können wir es leicht ertragen, dass unsere Gefühle sich verändern, ja es vielleicht sogar genießen.

Heute will ich nicht nur bewusst fühlen, sondern, wann immer ich ein Gefühl erspüre, will ich mich fragen: „Wer ist es denn eigentlich, der fühlt?“

11

Ich muss lernen, mit meinen Gefühlen in Kontakt zu bleiben, sobald sie an der Oberfläche angekommen sind. Auf diese Weise können sie ungehindert in mir lebendig sein, und mein Kanal bleibt frei und offen.

Wir selbst bestimmen, wie unser Kontakt zu unseren Gefühlen aussieht. Welche Gefühle wir haben, ist eigentlich gar nicht so wichtig, ob es Liebe oder Depression ist, Ärger oder Freude. Viel wichtiger ist es, welchen Bezug wir zu unseren Gefühlen aufbauen, welchen Gefühlskontakt. Dieser Kontakt kann rau sein oder sanft, flexibel oder hart, wohlwollend oder verabscheuend. Indem wir uns darin üben, in liebevollem Kontakt zu unseren Gefühlen zu stehen, gedeihen wir uns selbst Gutes an.

Heute will ich mich einmal ganz bewusst um einen liebevollen Kontakt zu meinen Gefühlen bemühen.

12

Jede ANGST zeigt mir, wo ich nicht „ich selbst“ bin. Sie fordert mich auf, zu Bewusstsein zu kommen und mich wieder daran zu erinnern, wer ich wirklich bin.

Jede Angst hat eine Botschaft für uns. Die Botschaft lautet: „In dem Bereich, in dem wir Angst verspüren, sind wir nicht ‚wir selbst‘!“ So ist die Angst ein wertvoller Hinweis auf die Lebensbereiche, in denen das Selbst noch fehlt. Wir sollten uns der Angst bewusst zuwenden und bereit sein, von ihr zu lernen, wie wir genau dort, wo wir Angst spüren, unser Selbst mehr und mehr hineintragen können. Es ist noch kein Meister vom Himmel gefallen: Alleine das Bemühen und die positive Hinwendung zählt.

Heute will ich mir einen Lebensbereich vornehmen, vor dem ich Angst habe, und meinem Bewusstsein erlauben, diesen Lebensbereich zu durchdringen.

13

Angst zeigt, dass mein Bewusstsein eng ist und wo ich mein Bewusstsein erweitern könnte.

Manchmal können wir uns gar nicht vorstellen, uns in diesem oder jenem Lebensbereich angstfrei zu bewegen. In diesem Fall können uns positive Vorbilder helfen. Schauen wir uns doch einmal jemanden an, der genau in dem Lebensbereich, in dem wir Angst verspüren, Furchtlosigkeit erlebt, vielleicht sogar Freude. Spüren wir doch einmal in so einen Menschen und erleben wir, was an ihm anders ist als an uns – vielleicht können wir von ihm lernen?

Heute will ich mir einmal ganz bewusst ein positives Rollenvorbild schaffen.

14

Angst hat eine sonderbare Eigenschaft: Wenn ich vor ihr weglaufe, wird sie immer größer, und sobald ich mich ihr stelle und sie betrachte, schrumpft sie in sich zusammen.

Wir brauchen uns unserer Angst nicht in ganzer Fülle zu stellen. Alleine die Tatsache, dass wir bereit sind, EIN WENIG unserer Angst ins Gesicht zu sehen, bringt uns mit unserem Urvertrauen – und unserem Selbst – in Kontakt. Oftmals wird dabei sogar ein Grundlebensthema geheilt – was zurückbleibt, ist Lebensfreude und Mut zur Stärke.

Heute will ich einmal – nur gedanklich – mich in eine Situation begeben, vor der ich eigentlich Angst habe, und diese – gedanklich – ertragen und überwinden.

15

Jede Depression ist Zeichen einer Unterdrückung. Ich sollte mich fragen: „Was unterdrücke ich?“

Der Depressive ist jemand, der sich (sein) selbst nicht leben kann. Die Blockaden können von außen aufgepfropft sein oder in inneren Überzeugungen liegen. Der Weg aus der Depression liegt in der Befreiung unserer aufbauenden Energien. Dies bedeutet: Wir unterdrücken nicht länger unser wahres Wesen, sondern leben so, wie wir gemeint sind.

Heute will ich mir einmal ganz bewusst ansehen, in welchen Lebensbereichen ich ein wenig Lockerung „hin zu mir selbst“ hineinbringen kann.

16

Jede Enttäuschung ist eine Befreiung von einer Täuschung und eine Chance, die Dinge wertfrei zu sehen, wie sie „wirklich“ sind.

In der Regel nehmen wir Enttäuschungen (viel zu) persönlich. Wir sagen dann: „Dieser Mensch hat mich enttäuscht!“ Oder auch: „Das Leben hat mich enttäuscht!“ Wenn wir Enttäuschungen als persönliche Verletzungen betrachten, kapseln wir uns dadurch vom Leben und von unseren Mitmenschen ab. Wir sind dann sauer auf das Leben oder den anderen. Viel besser wäre es, wenn der Pfeil nicht auf das Leben oder den anderen zielt, sondern auf uns selbst: „Aha, ich habe mich getäuscht!“ Dann komme ich zur Einsicht.

Heute will ich mir ganz bewusst eine schwere Enttäuschung in meinem Leben vornehmen und mich fragen, was ich „günstigstenfalls“ aus ihr lernen kann.

17

Vor jeder Enttäuschung steht immer eine Erwartung. Lasse ich meine Erwartungen los, kann man mich nicht mehr enttäuschen, aber auch nicht mehr ärgern, beleidigen, verletzen oder kränken.

Wenn wir offen sind für das Leben, erkennen wir, dass es gar nicht daran denkt, unsere Erwartungen zu erfüllen. Und trotzdem ist es unsere Aufgabe, uns auf das Leben einzulassen und in jedem Augenblick unser Bestes zu geben. Selbst wenn wir nicht wissen, was dabei herauskommt. Wir können Ziele haben, Absichten, Hoffnungen, aber wir sollten uns stets an Folgendes erinnern: Erstens kommt es anders und zweitens als man denkt. Würde das Leben sich nach unseren Erwartungen richten, könnten wir nicht von ihm lernen.

Heute will ich einmal eine Enttäuschung betrachten und untersuchen, welche stillschweigenden Erwartungen dieser Enttäuschung zugrunde lagen.

18

Sobald ich meine Erwartungen losgelassen habe, bin ich endlich offen für das Leben, so wie es wirklich ist.

Manche Menschen hängen in ihren Enttäuschungen so sehr fest, dass sie beginnen, sich dem Leben zu verweigern. Wir sollten erkennen, dass WIR es sind, die sich getäuscht haben, und aus dieser Täuschung lernen, ohne daraus Vorurteile oder Bitterkeit abzuleiten. Das Leben und auch das Verhalten unserer Mitmenschen erscheint uns manchmal äußerst unperfekt, doch wenn wir unsere Erwartungen losgelassen haben, ist es trotzdem wunderschön!

Heute will ich mir ansehen, welchem Lebensbereich ich mich aufgrund einer Enttäuschung verschlossen habe, und mich behutsam diesem erneut öffnen.

19

Es sind nie die Umstände, die Stress erzeugen, sondern der falsche Umgang damit.

Stress ist immer ein „nicht in Einklang sein" mit dem Jetzt, ein „aus der Mitte geraten". Wir können blitzschnell agieren und gleichzeitig spüren, wie unsere Seele im inneren Lotussitz verharrt. Um dies zu können, ist es wichtig, dass wir angesichts der Anforderungen, die das Leben an uns stellt, nicht „aus der Haut" geraten. Denn sobald wir das tun, beginnen wir zu schleudern. Deshalb sollten wir gerade in Stressmomenten einen Augenblick innehalten und uns erinnern, wer wir wirklich sind, um dann aus unserer Mittigkeit heraus zu agieren.

Heute will ich mich einmal bewusst darin üben, schnell und stimmig zu handeln und dabei aber in mir zentriert zu bleiben.

20

Stress kann entstehen, wenn ich versuche, in der zur Verfügung stehenden Zeit mehr zu schaffen, als in dieser Zeit zu erledigen ist. Das ist unmöglich, also sollte ich es auch nicht mehr versuchen.

Stress kann gezähmt werden, so wie ein wildes Pferd. Je hektischer das Außen wird, desto mehr innere Ruhe benötigen wir. Das Märchen vom Hasen und dem Igel lehrt uns: „Je langsamer, desto schneller!" Wichtig ist es, sich Prioritäten zu setzen und alle Energie auf das Wichtigste zu lenken, um so eines nach dem anderen bewusst abzuarbeiten. Denn durch Stress und Hektik kommen wir doch nicht schneller voran als durch bewusstes Vorgehen.

Heute will ich Gefühle von aufkommendem Stress als Warnsignale benutzen, um kurz innezuhalten und dann bewusst weiterzuleben.

21

Sobald ich das Missverhältnis zwischen „wollen“ und „können“ beseitigt habe, verschwindet der Stress, wie er gekommen ist – ganz von selbst und für immer.

Stress ist auch immer ein Zeichen von Unmäßigkeit. Wir können das Wichtige nicht vom Unwichtigen unterscheiden, und daraus resultiert Stress. Indem wir „gnadenlos“ alles Unwichtige streichen oder auf später verlegen, beispielsweise lang anhaltende Telefonate und ähnliche „Zeitfresser“, beginnen wir, „slim management“ zu betreiben. Wir werden auf diese Weise immer früher mit dem Wichtigen fertig und können uns dann hinreichend Zeit für das Unwichtige nehmen.

Heute entlarve ich Zeitfresser ganz bewusst und setze gezielt Prioritäten.

22

Ich befreie mich von Schuldgefühlen durch die Erkenntnis, dass es in Wirklichkeit keine Schuld gibt. Und durch mein bewusstes Streben nach Erkenntnis und durch meine Bereitschaft, mich entsprechend meiner Erkenntnis zu verhalten, löse ich Schuldgefühle auf.

Das Wort Schuld stammt aus dem Keltischen und bezeichnet eine der drei Schicksalsgöttinnen, genauer gesagt die Göttin „Skuld". Schuldgefühle entstehen dann, wenn wir eigenwillig gehandelt haben. Indem wir unsere Eigenwilligkeit der Schicksalsgöttin und Gott zum Geschenk machen und uns und unsere Handlungen annehmen – also uns selbst verzeihen –, kommen wir wieder in Einklang mit dem Gesetz, dem wir als Menschen unterstehen, und damit in den Schutz unseres eigenen Schicksals und der göttlichen Kräfte.

Heute will ich mir bewusst eine meiner Handlungen verzeihen oder mich darin annehmen – in dem Wissen, dass Gott nicht einmal darüber geurteilt hat.

23

Keiner kann durch die Schule des Lebens gehen, ohne Fehler zu machen. Das Dümmste ist es deshalb, dass ich in mir Schuldgefühle aufsteigen oder sie mir einreden lasse. Das Klügste ist es, aus meinen Fehlern zu lernen, mein Verhalten entsprechend zu ändern und es in Zukunft besser zu machen.

Schuldgefühle machen uns darauf aufmerksam, dass es in unserem Verhalten etwas Unstimmiges gegeben hat. Wenn wir nun die Schuldgefühle kultivieren oder aufgrund ihrer handeln, ist diese Unstimmigkeit dadurch nicht verschwunden. Wir machen nur uns und anderen das Leben zur Hölle. Statt Schuldgefühle zu pflegen, sollten wir sie zur Reue nutzen. So gelangen wir zur Einsicht, dass wir auch nur Menschen sind, und wir beginnen, mit den eigenen Schwächen und denen anderer Frieden zu finden und es das nächste Mal besser zu machen.

Heute will ich einmal ganz bewusst ein Schuldgefühl auflösen, indem ich mir meine Handlung bewusst mache, sie bereue und aus ihr liebevoll lerne.

24

Sollte es sich nicht um Schuldgefühle, sondern um tatsächliche Schulden handeln, sind diese ein ernst zu nehmendes Erfolgshindernis, denn sie verhindern, dass ich Achtung vor mir selbst haben und mich in mir wohl fühlen kann. Sie sollten daher bezahlt werden, ganz gleich, wann und wodurch sie entstanden sind.

Schuldgefühle und Schulden sind zweierlei Dinge. Schuldgefühle sind Emotionen. Schulden hängen mit der Vereinbarung unseres menschlichen Zusammenseins zusammen. Wenn wir unsere Schulden leugnen, leugnen wir damit auch unser Guthaben. Wenn wir dagegen unsere Schulden bezahlen, sobald es uns möglich ist, erzeugen wir so Vertrauenswürdigkeit – auch gegenüber uns selbst.

Heute will ich einmal ganz bewusst Bilanz ziehen und mir ansehen, ob ich jemandem in meinem Bekanntenkreis noch etwas schulde.

25

Ich löse Minderwertigkeitsgefühle aus der Erkenntnis auf, dass niemand minderwertig ist, da jeder ein Teil des Einen Bewusstseins ist, ein Teil der Einen Kraft, die alles geschaffen hat und es ständig verändert. Niemand steht über mir, aber es steht auch niemand unter mir.

Minderwertigkeitsgefühle sind immer ein Zeichen dafür, dass wir den falschen Maßstab anlegen. Weil wir unser Selbst und seine Absicht nicht kennen, suchen wir im Vergleich mit anderen den Wettbewerb, gehen von dem aus, was wir nach Meinung unserer Vorbeter (beispielsweise Eltern oder Lehrer) können oder sein müssten. Dies mündet dann in Minderwertigkeitsgefühlen oder in arroganter Überheblichkeit gegenüber Minderbemittelten. Minderwertigkeitsgefühle lehren uns Mitgefühl. Sind wir mitfühlend, ist da keine Norm, kein Maßstab, keine Minderwertigkeit.

Heute will ich meine Tendenz, mich mit anderen zu vergleichen, loslassen und stattdessen ganz bewusst mich selbst spüren und ausdrücken, wie ich bin.

26

Sich zu ärgern ist eine dumme Angewohnheit, die nur Nachteile mit sich bringt. Sie ist eines „Homo sapiens“ nicht würdig.

Die üble Gewohnheit, sich zu ärgern, ist tief in unseren Genen verankert, da der Ärger nämlich dem noch ungezähmten „Kampf- und Fluchtsyndrom“ entspringt. Wir sollten, statt uns zu ärgern, unsere Wut spüren, sie aber nicht gegen uns oder andere verwenden. Stattdessen sollten wir unsere Gefühle in der „Ich-Botschaft“ ausdrücken, die Situation positiv verändern oder – falls wir im Stau stehen – das Ärgernis für ein Entspannungstraining nutzen. So ein Verhalten würde man dann als „intelligent“ bezeichnen.

Heute will ich einmal ganz bewusst „intelligent“ auf ein Ärgernis reagieren.

27

Nichts und niemand auf der Welt hat die Macht, mich zu ärgern. Das kann ich immer nur selbst, und natürlich bin ich auch der Einzige, der es jederzeit lassen kann, beispielsweise JETZT!

Wie der Ausdruck „Ich ärgere MICH" bereits verkündet, ist Ärger etwas, das wir mit uns selbst ausmachen. Wir können alles Mögliche zum Anlass nehmen, um UNS zu ärgern, doch wir müssen dies nicht. Das Kind räumt nicht auf, der Verkäufer ist unfreundlich, der Ehepartner ist muffelig – überall gibt es „Angebote", SICH zu ärgern. Doch statt sich darüber zu grämen, dass die Dinge nicht so sind, wie wir sie gerne hätten, sollten wir unsere Kraft und Bewusstheit besser nutzen, um die Welt zu schaffen, in der wir leben möchten. Dies bewerkstelligen wir, indem wir uns und anderen sagen: „DIES hätte ich gerne SO!"

Heute will ich bewusst ein Ärgernis annehmen und konstruktiv umwandeln oder – falls dies nicht geht – eine positive Einstellung zu ihm gewinnen.

28

Ärger verändert nicht die Wirklichkeit, denn das, worüber ich mich ärgere, ist hinterher völlig unverändert und unbeeindruckt von meinem Ärger – und ich könnte mich gleich wieder ärgern.

Ärger ist immer ein Zeichen von Unbewusstheit. Wir müssen unseren Ärger kurz zurücknehmen und uns selbst spüren, unsere Emotionen oder Erwartungen. Manchmal sind wir sogar dazu gezwungen, unsere Empfindungen herauszuschreien, wenn es nicht anders geht. Doch je bewusster wir werden, desto sensibler können wir mit Ärgernissen umgehen, genauer gesagt sie umgehen. Verbunden mit uns selbst, erlangen wir so die notwendige Einsicht, die uns ganz klar zeigt, was zu tun ist, um das Ärgernis aus der Welt zu räumen.

Heute will ich mich einmal ganz bewusst angesichts eines Ärgernisses zurücknehmen, innehalten und um die notwendige (notwendende) Einsicht bitten.

29

Aggressionen machen mich unbeliebt und mir und anderen das Leben schwerer, als es ist. Also werde ich mir bewusst, wogegen ich eigentlich in Wirklichkeit bin, und ändere mich und mein Leben, bis es mir gefällt.

Es gibt zwei Arten von Aggressionen: Eine davon ist gesund, die andere ungesund. In unserem Sprachgebrauch verwenden wir das Wort „Aggression“ für jemanden, der gegen das Leben (und die Mitmenschen) agiert. So etwas ist ungesund. In der ursprünglichen Bedeutung ist aber das gleiche Wort positiv besetzt: Etwas angehen, etwas positiv angreifen (Lateinisch: a gredere). Die Lösung kann in einer konsequenten Handlung liegen – oder auch im Mitgefühl.

Heute will ich mich einmal ganz bewusst fragen, wer oder was mich aggressiv macht und wozu mich diese Aggression auffordert.

30

Wenn ich die verschiedensten Gefühle zulasse, dann werden sie zu den Regenbogenfarben des Lebens.

Gefühle haben Höhen und Tiefen. Beide sind wertvoll. Wer nur nach hohen Gefühlen strebt, ist manisch, wer nur die tiefen bevorzugt, ist depressiv. Wir sollten weder an Höhen noch an Tiefen kleben, sondern die Bandbreite der Gefühle als einen wertvollen Schatz betrachten, der uns Menschen miteinander verbindet. Egal, welche äußere Sprache wir sprechen, wie unsere Hautfarbe ist, ob wir alt oder jung, Weib oder Mann sind, wir alle haben Gefühle. Suzuki Roshi sagt: „Jeder Mensch hat etwas, das er liebt – und wenn es nur Tortillas sind!“

Heute will ich mich einmal ganz bewusst dafür anerkennen, dass ich Gefühle habe, und mich und meine Gefühle – und die anderer Menschen – ehren.

Juli
Erfolg

1

Bevor ich in meinem Leben Erfolg haben kann, muss ich eine Antwort auf die Frage gefunden haben: Was ist das eigentlich für mich – Erfolg?

Wir haben völlig falsche Vorstellungen von Erfolg. Viele Menschen glauben, sie hätten Erfolg, wenn sie viel Geld besitzen oder über gesellschaftliche Reputation verfügen. Doch äußere Attribute sind keine Kennzeichen, höchstens Begleiterscheinungen von dem, was Erfolg wirklich ausmacht: Erfolg ist das, was aus unserem Innersten „erfolgt". Dies kann Geld sein, Ansehen oder etwas völlig anderes.

Heute will ich einmal ganz bewusst Dankbarkeit für das aufbringen, was in meinem Leben bereits an Gutem „erfolgt" ist.

2

Harte Arbeit setzt nicht den Grundstein für den Erfolg. Ich sollte nie mehr arbeiten, sondern „Urlaub für immer" machen, natürlich BEZAHLTEN Urlaub.

„Urlaub für immer", also „den eigenen Ursprung immer zu erlauben", ist etwas, das wir dann fertigbringen, wenn wir dafür sorgen, dass wir in jeder Lebenssituation kongruent mit uns selber sind. Unabhängig davon, ob wir Beamter, Hausfrau, Unternehmer oder selbstständiger Künstler sind – wir selbst entscheiden, ob wir unsere Tätigkeit als Ausdruck des Selbst annehmen oder uns – des Geldes wegen – vergewaltigen.

Heute will ich einmal prüfen, ob ich das, was ich mache, mit Freude tun kann – und wenn ja, dann will ich diese Freude auch in meine Tätigkeit einfließen lassen.

3

Lassen Sie sich dafür fürstlich bezahlen, dass Sie das tun, was Ihnen ohnehin am meisten Freude bringt. Und lassen Sie sich von der Freude führen.

Unsere veränderte marktwirtschaftliche Situation ist nicht die angenehmste, aber sie bietet eine riesige Chance: die inneren Ressourcen freizulegen und – nebenberuflich oder hauptberuflich – eine Tätigkeit anzunehmen, die uns erfüllt. Wenn uns etwas Freude macht, dann sollten wir prüfen, ob wir diese Tätigkeit nicht in unseren Beruf einbauen oder unseren Beruf in diese Richtung verändern können. Wir sollten uns nach der Tätigkeit umschauen, in die wir „uns selbst" einbringen können.

Heute werde ich mir eine Liste der Dinge und Tätigkeiten anfertigen, die mir Freude bereiten.

4

Sie zielen mit einem Bogen auf eine Scheibe. Was müssen Sie tun, damit der Pfeil die Scheibe trifft? Sie müssen den Bogen spannen (Energie), Sie müssen zielen (Intelligenz) und Sie müssen loslassen. Sie werden jetzt denken, das weiß doch jeder Depp – natürlich. Aber verraten Sie mir einmal, weshalb dies bei der Zielerreichung im täglichen Leben nicht ebenfalls jedem durchschnittlich intelligenten Menschen klar ist?

Jeder Erfolg beginnt mit einer Bewegung hin zu sich selbst. Das Beispiel vom Bogenschießen macht es deutlich: Nur wenn wir den Bogen zu uns hinziehen, wird er gespannt, und der Pfeil kann abfliegen. Genauso müssen wir, bevor unser Gedankenpfeil in Richtung Ziel schießt, erst einmal unser Bewusstsein zu uns selbst hinziehen – vergessen wir dies, können wir auch alles andere, was daraus folgen soll, aufgeben.

Heute will ich einmal ganz bewusst mir selbst nahe sein.

5

Erklären Sie einmal einem „Nichteingeweihten“, er müsse loslassen, um seine Ziele schneller zu erreichen. Er wird Sie anblicken, als kämen Sie von einem andern Stern. Doch nur so geht es.

Wenn wir in ein Fitnessstudio gehen, um unsere Figur zu verbessern, werden wir erleben, dass unsere Muskulatur genau in den Tagen zulegt, in denen wir NICHT trainieren – darum trimmen Fitnessprofis sich auch nicht täglich, sondern jeden zweiten Tag. Genauso, wie unsere Muskeln zum Zeitpunkt des Loslassens wachsen, so wachsen auch unsere Erfolge in dem Moment, in dem wir losgelöst sind – in dem wir SIND. Es braucht das SEIN, damit das Erwünschte zu uns gelangen kann, und die Bereitschaft, um zu empfangen.

Heute will ich ganz bewusst ins SEIN gehen, besser noch aus dem SEIN heraus leben und mich für das öffnen, was von selbst zu mir findet.

6

Wenn Sie möglichst rasch von einem IST- zu einem SOLL-Zustand gelangen wollen, dann dürfen Sie logischerweise den IST-Zustand nicht festhalten. Wie soll sich der IST-Zustand zum SOLL-Zustand verwandeln, wenn Sie von ihm nicht ablassen?

Der Schlüssel, um vom IST zum SOLL zu gelangen, liegt in der Identifikation. Der Verstand kann sich nur mit dem identifizieren, was er kennt, also dem IST-Zustand, den er aus seiner Erfahrung kennt. Wenn wir uns nun mit dem SOLL-Zustand gleichsetzen wollen, dann brauchen wir den Mut, die Identifikation mit dem Alten loszulassen, und die Bereitschaft, uns auf eine Reise zu begeben: Vom alten IST zu einem neuen IST, das wir gestern noch SOLL genannt haben.

Heute will ich mir bewusst werden, welche neuen Lebensumstände und Identifikationen auf mich warten, und die alten liebevoll loslassen.

7

Sie lassen den IST-Zustand los, indem Sie ihn akzeptieren – und dann geschieht etwas Erstaunliches: Der IST-Zustand verändert sich.

In der völligen Akzeptanz einer Sache liegt die Möglichkeit, sie zu verwandeln. All das, was wir nicht mögen, besteht nämlich nur aufgrund unseres Widerstands gegen das Vorhandene. Wenn wir uns also beispielsweise an unserem Partner und seinen Verhaltensweisen stören, dann sollten wir beginnen, ihn so zu akzeptieren, wie er IST. Und genau in diesem Moment geschieht ein Wunder: Er beginnt, sich zu verändern – oder ein neuer, besserer Partner tritt in unser Leben. Genauso funktioniert dies auch mit anderen Lebensumständen.

Heute will ich einmal ganz bewusst mich selbst, meine Lebensumstände und die Menschen um mich herum zu 100 Prozent annehmen, „wie sie sind".

8

Wirklicher Erfolg ist „Geist-Reich-Sein“, also ein „Ritter des Geistes“ zu sein.

Wirklicher Erfolg wird immer aus dem Geist geboren, indem wir uns erinnern, „wer wir sind“. Es geht darum, dem Geist, also der uns innewohnenden guten geistigen Haltung, die Treue zu halten und aus diesem SEIN heraus zu handeln. Wenn wir uns und unserem Geist treu bleiben, folgt der Erfolg automatisch. Immer wieder sollten wir uns fragen: „Bin ich gerade stimmig mit mir selbst? Ist meine geistige Haltung meiner würdig? Behüte ich meinen Geist?“

Heute will ich meinem Geist (Spirit), meiner innewohnenden Wahrheit, meiner stimmigen, geistigen Haltung die Treue halten.

9

Beenden Sie ALLES, was Sie beginnen, erfolgreich. Misserfolge gelten nur als Zwischenergebnisse auf dem Weg zum endgültigen Erfolg.

Auf dem Weg zum Erfolg werden uns unerwartete Schwierigkeiten begegnen, aber auch unerwartete Hilfen. Die Lebensgeheimnisse, die mit unserem Erfolgsweg zusammenhängen, erfahren wir nur, wenn wir eine Sache verfolgen, bis sie beendet ist. Bevor wir also etwas angehen, sollten wir uns fragen: 1. Ist der Beginn motivierend? 2. Ist der Weg durchhaltbar? 3. Ist das Ziel lohnenswert? Wenn eine der drei Voraussetzungen fehlt, sollten wir gar nicht erst beginnen.

Heute erkenne ich mich dafür an, dass ich immer wieder meinem Leben, meinem Geist, meinem Pfad die Treue gehalten und mein Bestes gegeben habe!

10

Das Unternehmen „mich selbst“ erfolgreich zu managen, ist die faszinierendste Aufgabe im Leben.

Genauso, wie ein Unternehmen in verschiedene Abteilungen unterteilt ist, so haben auch wir verschiedene Aspekte, Bedürfnisse, Wünsche, Ziele, die alle miteinander in Einklang gebracht werden wollen. Genauso, wie sich ein Unternehmen in den Markt einbringen muss, so müssen wir uns in unser Leben einbringen – mit all unseren Facetten, mit all unseren „Abteilungen“. So wie es eine „Unternehmensphilosophie“ gibt, die alle Abteilungen durchweht, so lebt auch in uns ein Geist, der alle Aspekte unseres Wesens in sich vereint und integriert.

Heute will ich einmal ganz bewusst mit meiner „Essenz“ Kontakt aufnehmen und aus Sicht dieser meine Lebensfacetten betrachten.

11

Viele Menschen kennen sich damit aus, ein Unternehmen zu führen, aber wissen Sie auch, wie man ein Leben wirklich „führt“? Es ist eine großartige Aufgabe, ein Unternehmen effektiv zu leiten, aber es ist ungleich schwieriger, sich selbst erfolgreich zu managen.

Wie erkennen wir, ob wir unser Leben führen oder ob wir „gelebt werden“? Wenn wir es führen, dann erleben wir uns als die, die wir wirklich sind, als handelnd aus der eigenen Mitte. Aus unserer inneren Mitte heraus vollbringen wir das Notwendige und das, was zur Erfüllung führt. Wir leben verantwortungsbewusst und sind uns der Tatsache bewusst, dass wir in unserem innersten Selbst – nicht in unseren Emotionen oder Vorstellungen – die „Antwort“ auf jede Lebenssituation und Lebensaufgabe finden.

Heute will ich verantwortungsbewusst handeln und mein Selbst – nicht meine Vorstellungen – mit dem Management meines Lebens beauftragen.

12

Unser beruflicher Erfolg wird nicht außen entschieden, sondern in uns selbst.

Wir geben den Umständen viel zu viel Macht und wissen viel zu wenig über die Macht unserer Gedanken und Einstellungen. In jeder Situation gibt es die Möglichkeit, „erfolg-reich“ oder „erfolg-arm“ zu entscheiden. Jede Situation können wir als Bettler oder als Kaiser, als Bittsteller oder als Gebender erleben. Liebe, Mitgefühl für uns selbst und andere sowie Selbstwahrnehmung schaffen die Grundlage für einen Erfolg, der aus der Erinnerung, wer wir sind, erwächst.

Heute will ich zu jeder Lebenssituation, die mir begegnet, eine „erfolg-reiche“ Einstellung gewinnen.

13

Der erste Schritt, um das zu erhalten, was ich in meinem Leben will, besteht darin, die Verantwortung für das eigene Leben, wie es jetzt ist, zu übernehmen.

Solange wir äußeren Faktoren wie Wirtschaftslage, Erziehung, Bildungsstand, Wohnort, Partner oder Schicksalsschlägen die Schuld dafür geben, dass in unserem Leben nicht alles zum Besten steht, haben wir keine Chance, die Dinge zum Positiven zu verändern. Wem wir die Schuld an unserem Leben geben, dem überlassen wir zugleich auch die Macht darüber. Die Macht, unser Leben positiv zu gestalten, gewinnen wir nur dann zurück, wenn wir bereit sind anzuerkennen, dass wir die Umstände, in denen wir uns befinden, verursacht haben, dass wir diese SIND.

Heute mache ich mir meine Lebenssituation bewusst und bin bereit anzuerkennen, dass diese genau meinem bisherigen SEIN entsprochen hat.

14

Erfolg ist abhängig vom Grad meines Bewusstseins, der Beherrschung meines Denkinstruments, meiner „inneren Dimension“ und dem Grad meiner Aufmerksamkeit.

Es ist nicht gerade angenehm, sich einen Mangel einzugestehen, aber genau hier liegt der erste Schritt zur Lösung. Wenn uns etwas stört, müssen wir bereit sein anzuerkennen, dass wir unser Bewusstsein und unser Denkinstrument in diesem oder jenem Lebensbereich noch nicht vollends entfaltet haben. Wir brauchen Kontakt zu unserem „inneren Raum“, aus dem heraus wir Lösungen hervorholen können. Und wir müssen unsere Aufmerksamkeit auf uns selbst lenken (Selbstbesinnung) und von dort aus auf die stimmige Lösung.

Heute gehe ich in die Selbstbesinnung, um aus ihr heraus stimmige Lösungen für meine Lebensthemen zu finden.

15

Erfolg ist ein Produkt, das man wie jedes andere herstellen kann.

Das Geheimnis unseres Erfolgs liegt im Richten der Aufmerksamkeit. Dies vollbringen wir jeden Tag – wir geben dem einen mehr, dem anderen weniger Aufmerksamkeit. Immer wieder kommt es vor, dass äußere Umstände, Menschen, Situationen oder auch innere Prozesse Beachtung fordern. Wir selbst entscheiden, ob und in welchem Maße wir dieser Aufforderung Folge leisten. Dies können wir auch bewusst tun – und so erkennen, welcher Erfolg daraus erwächst.

Heute will ich mir einmal der Tatsache bewusst sein, wem oder was ich Aufmerksamkeit gebe – und wem oder was nicht.

16

Erfolg ist weder Geschenk noch Zufall.

Erfolg ist weder Geschenk noch Zufall, wird aber oftmals wie ein Geschenk oder Zufall erfahren. Für alles, was uns geschieht, muss es eine innere Resonanz geben. Für stimmigen Erfolg finden wir die Resonanz der Stimmigkeit in uns. Für Misserfolg finden wir die Resonanz der Unstimmigkeit in uns. Für unsere Erfolge sollten wir dankbar sein und sie als zu uns gehörig annehmen. Aus unseren Misserfolgen sollten wir lernen.

Heute will ich einmal ganz bewusst das Gute als zu mir gehörig annehmen.

17

Wir orientieren uns noch immer gern an Tatsachen, anstatt sie zu schaffen und zu gestalten, so wie wir sie brauchen.

Wie das Wort „Tatsachen“ bereits besagt, sind es „Sachen der Tat“. Statt die Tatsachen als unabänderlich zu betrachten, sollten wir uns vielmehr darum bemühen zu erkennen, wie durch eine neue Tat neue „Sachen der Tat“ geschaffen werden können. Wenn unter den gegebenen Umständen keine Lösung möglich ist, sollten wir die Umstände so ändern, dass sich eine Lösung zeigt. Dafür müssen wir oftmals unseren Denkrahmen erweitern.

Heute will ich einmal ganz bewusst eine neue Tatsache schaffen.

18

Erfolgreich zu sein kann man lernen, so wie man eine Fremdsprache erlernen kann.

Erfolgreich zu sein beginnt damit, dass wir den „Verrat am Selbst“ aufgeben. Wir müssen bereit sein anzuerkennen, dass wir keine „Versager“ sind, sondern möglicherweise über lange Strecken unseres Lebens einfach nicht das Richtige gesagt haben: Unsere Worte und unser Sein waren nicht kongruent. Wenn wir die Sprache des Erfolgs erlernen wollen, müssen wir damit beginnen, mit Hilfe unserer Worte unser Sein auszudrücken und von dort aus weiterzuentwickeln.

Heute will ich einmal ganz bewusst innehalten, bevor ich spreche, und aus meinem Selbst heraus die stimmigen Worte und Betrachtungsweisen wählen.

19

Erstaunlicherweise glauben die meisten Menschen nicht an Erfolgsregeln, und nur sehr wenige handeln danach – die allerdings sehr erfolgreich!

Erfolg stellt sozusagen die Belohnung für stimmiges Denken und Handeln dar. Bei alledem sollten wir uns aber stets bewusst machen, was Erfolg für uns eigentlich bedeutet. Dabei sollten wir nicht nach den Ergebnissen schielen, sondern die Fülle des Seins genießen, die sich uns in jedem Augenblick stellt. Und wenn Entscheidungen zu treffen sind, sollten wir die Folgen überdenken und auf Stimmigkeit achten.

Heute will ich einmal meine eigene Erfolgsregel aufstellen und herausfinden, was, besser gesagt welche Regel, für mich funktioniert – und nach ihr leben.

20

Es wird Zeit, dass wir uns aus dem „Gefängnis der Gegebenheiten“ befreien.

Gegebenheiten sind nicht unabänderbar, sie sind einfach nur gegeben. Wenn wir ein kleines, unmündiges Kind sind, dann müssen wir uns mit dem abfinden, was uns die Eltern geben – oder nicht. Viele Menschen laufen leider immer noch mit geistigen Pampers herum und machen die Gegebenheiten zum Nabel der Welt. Indem wir angesichts unserer Gegebenheiten zu Bewusstsein kommen, zeigt sich die stimmige Antwort ganz von selbst.

Heute will ich einmal ganz bewusst meine „Gegebenheiten“ daraufhin überprüfen, ob sie noch für mich stimmen, und sie gegebenenfalls ändern.

21

Je gründlicher ich mich vorbereite, desto sicherer zeigt sich der Erfolg.

Jeder Erfolg benötigt eine Basis, braucht einen „Grund“, da es sich ansonsten um ein Luftschloss handelt. Bevor wir uns vom Ziel (an-)ziehen lassen, müssen wir festen Boden unter den Füßen haben. Und dann sollten wir jeden einzelnen Schritt hin zu unserem Erfolg bewusst gehen, und zwar einen nach dem anderen. Wir müssen uns immer wieder im SEIN zentrieren. Bevor wir aber den ersten Schritt setzen, müssen wir gedanklich auf den nächsten Schritt vorbereitet sein. Dies gilt auch für jeden Termin, für jedes absehbare Ereignis.

Heute will ich mich auf meine Termine und Tätigkeiten mental vorbereiten, indem ich ihre erfolgreiche Bewältigung in der Imagination vorab erlebe.

22

Mag eine Situation noch so schwierig erscheinen, Sie können JETZT einen Schritt in Gang setzen für eine erfüllende Zukunft. Und wenn SIE es wollen, beginnt diese Zukunft in diesem Augenblick!

Oft weigern wir uns, uns mit einer unangenehmen Situation zu konfrontieren, weil wir in ihr ungeschickt aussehen oder sie nicht beherrschen. Wahre Größe zeigt sich jedoch nicht darin, nur das zu tun, was wir gut können, sondern darin, sich auch den unliebsamen Dingen und Situationen zuzuwenden. Selbst wenn wir mit einer schwierigen Situation linkisch umgehen, sollten wir uns mit ihr konfrontieren und in sie das einbringen, was wir haben. Es ist noch kein Meister vom Himmel gefallen.

Heute will ich mich ganz bewusst einer schwierigen Situation oder Aufgabe widmen und darin mein Bestes geben.

23

Sie können so viel Erfolg erlangen, wie Sie denken und glauben können, und Sie können IN JEDEM AUGENBLICK damit beginnen.

Wir werden vom Leben täglich dazu aufgefordert, unseren „Denkrahmen“ zu erweitern. Dafür müssen wir allerdings dort beginnen, wo wir stehen. Es nützt nichts, den Denkrahmen eines anderen Menschen zu übernehmen, der uns gar nicht entspricht. Wir müssen lernen, uns mit unseren Begrenzungen anzunehmen, diese überhaupt erst einmal zu sehen – von dort ausgehend können wir uns dann ausdehnen in ein erweitertes Verständnis von uns und unserem Erfolg hinein.

Heute will ich mir des Ursprungs meines Erfolges bewusst sein.

24

Will ich mit einer Sache Erfolg haben, muss ich davon selbst absolut überzeugt sein. Das allein führt schon zum Erfolg.

Die eigene Überzeugung, die wir hier brauchen, hat nichts mit Dampfplauderei oder Jahrmarktsgeschrei zu tun: Es ist eine innere Überzeugung. Wir schauen uns die Sache an, mit der wir Erfolg erzielen wollen, und nehmen wahr, was uns da an inneren Bildern entgegenkommt. Wir prüfen unsere Wahrnehmung sorgfältig und fragen uns, was es noch braucht. Dabei richten wir mit weitem Herzen unsere Aufmerksamkeit auf das gute Ende.

Heute will ich einmal ganz bewusst meine Wahrnehmung bezüglich eines Projekts überprüfen und mich in die Stimmigkeit hinein überzeugen.

25

Zum wirklichen Erfolg gehört Erfüllung. Denn Erfolg ohne Erfüllung ist kein Erfolg.

Erfolg ist eigentlich nur der Weg. Erfüllung ist der Inhalt. Erfolg ist so eine Art Yoga, da es im Grunde gar nicht auf das Ergebnis selbst ankommt. Es geht vielmehr darum, dass wir uns beim „Yoga des Erfolgs" mit uns selbst ausfüllen, dass wir unser Selbst (und nicht unsere Neurosen) in den Lebensprozess einbringen. Wenn wir wirklich Erfolg verzeichnen, dann haben wir auf dem Weg des Erfolgs uns selbst gefunden, sind wir uns selbst begegnet und haben erlebt, wie das Leben uns als Selbst begegnet ist – wir haben den Erfolg nicht gesucht, wir wurden von ihm gefunden.

Heute will ich einmal ganz bewusst bei allem, was ich tue, auf die innere Erfüllung achten.

26

Ereignisse sind manifestierte Bewusstseinsinhalte. Wir sind nicht Opfer, sondern Schöpfer der Umstände.

In dem Begriff „Ereignis“ finden wir das Wort „Eignung“ und auch „eigen“. Ein Ereignis hat also immer mit einem selbst zu tun – sonst müsste es „Erfremdnis“ heißen. Ereignisse haben also damit zu tun, wofür wir uns „eignen“ und was wir als uns „eigen“ annehmen. Indem wir unseren „inneren Bezug“ zu den Ereignissen erkennen, können wir sie jederzeit ändern.

Heute will ich mir ein „Ereignis“ in meinem Leben ansehen und anerkennen, dass ich es und wie ich es selbst (unbewusst) geschaffen habe.

27

Jeder bekommt immer nur das, was er verursacht – aber nur der Erfolgreiche gibt es zu.

Niemand kann etwas dafür, wo er gerade mit seinem Bewusstsein und mit seinem Erfolg steht. Er ist zwar Verursacher von alledem, aber deshalb nicht „böse“ oder „falsch“. Er ist, wie er ist. Indem wir es anerkennen, dass wir selbst die Ursache für unsere Lebensumstände sind, also, dass unser Leben uns „entspricht“, erkennen wir auch unsere momentanen Grenzen im Bewusstsein an. Dies macht uns nicht nur demütig, es ermuntert uns auch, zu wachsen und unser Leben als Bewusstseinsanreiz zu nutzen – so gut wir es heute schon vermögen.

Heute will ich anerkennen, dass ein Lebensumstand ganz offenbar in mein Leben gehört, und diesen annehmen.

28

Jeder will mit dem, was er macht, Erfolg ernten. Es gibt eigentlich niemanden, der etwas tut, weil er damit Misserfolg haben möchte.

Manchmal wissen wir gar nicht, warum wir etwas tun, dulden oder unterlassen. Wir haben völlig vergessen, welches positive Ergebnis wir durch eine solche Verhaltensweise erzielen wollten. Manche dieser Verhaltensweisen entspringen einem Irrglauben oder der Vergangenheit. Sie bringen überhaupt nicht den gewünschten Erfolg, und es gibt inzwischen weitaus günstigere Wege, den ursprünglich beabsichtigten Erfolg herzustellen. Hier sollten wir die alte Verhaltensweise durch eine neue, situationsgerechtere ersetzen.

Heute will ich mir eine meiner unliebsamen Verhaltensweisen ansehen und sie fragen, welches positive Ergebnis sie durch mich erzielen will.

29

Erfolg ist das, was erfolgt, sonst müsste es ja „Errenn" heißen.

Vielleicht kennen Sie das Märchen vom Hasen und dem Igel. Der Hase rennt und rennt und der Igel sagt: „Ich bin schon da." Es gibt Scheinerfolge, die zeigen sich in Habseligkeiten, die zusammengerafft wurden. Und es gibt wahre Erfolge, die als FOLGE einer stimmigen Geisteshaltung erwachsen sind. In ihnen finden wir uns selbst im Leben wieder. Sie bereiten den Boden für weiteren Erfolg, auch auf anderen Ebenen.

Heute will ich überprüfen, wo ich Scheinerfolgen hinterherlaufe, und genau dort meine Mitte finden, indem ich die Dinge aus sich heraus erfolgen lasse.

30

Der Erfolg ist ein getreuer Spiegel meines „so Seins“.

Wenn wir in den Spiegel schauen, dann erkennen wir, wie wir unser Haar kämmen und wo wir uns rasieren, schminken, wo wir Hautunreinheiten beseitigen müssen, damit uns unser Spiegelbild gefällt. Wenn wir in unser Leben sehen, erkennen wir an den Menschen, die uns anrufen, unseren Freunden, unseren Lebensumständen viel über uns selbst. Wenn uns etwas in unserem „Weltspiegel“ stört, dann können wir überprüfen, wo wir uns selbst ein Erfolgshindernis sind und ob wir momentan bereit sind, dieses Erfolgshindernis ganz oder teilweise loszulassen.

Heute will ich einmal ganz bewusst ein inneres oder äußeres Erfolgshindernis loslassen.

31

Freude kann ein Wegweiser für meinen Erfolg sein. Am besten frage ich mich einmal, was mir Freude machen würde – und gehe es an.

Manchmal wissen wir gar nicht, was uns Freude bringt. In diesem Fall sollten wir uns an Situationen erinnern, in denen wir wahre Freude erlebt haben, um so in eine freudvolle Stimmung zu kommen. Wenn wir möchten, können wir in der Imagination noch einmal in solchen freudvollen Erlebnissen baden. Mit dieser Freude in jeder Faser unseres Körpers begeben wir uns dann gedanklich wieder ins „Hier und Jetzt" und nehmen den gegenwärtigen Zeitraum in Besitz. Indem wir voller Freude diesen erfüllen, wissen wir, was zu tun ist – aus Freude.

Heute will ich einmal aufschreiben, welche Erlebnisse der Vergangenheit mir besondere Freude gemacht haben, und diese Freude auf mein jetziges Leben übertragen.

August
Die Fülle mit anderen teilen

1

Aller Wohlstand wird zunächst vom menschlichen Geist erzeugt.

Jede Lebenssituation, in der wir uns befinden, können wir mit Hilfe unseres Geistes in Wohlstand umwandeln. Dies bedeutet nicht, dass wir Millionäre werden. Wohlstand bedeutet lediglich, dass die Dinge zum Wohle stehen. Und dies können wir nur aus dem Geist heraus. Selbst wenn jemand als Millionär geboren wäre – wenn sein Geist nicht zum Wohle steht, wird er seine Millionen verlieren oder zumindest sich ziemlich arm vorkommen. Indem wir Wohlstand in uns erzeugen, schaffen wir den Wohlstand, der WIR SIND, mit Liebe und Anmut um uns herum.

Heute erzeuge ich Wohlstand in mir, indem ich in mir selbst die Dinge an den richtigen Platz setze, insbesondere indem ich stimmig denke und handle.

2

Der Mensch wurde geboren, um in der Fülle zu leben, und das geschieht, sobald er von seiner Vollmacht Gebrauch macht.

Aus der Fülle zu leben bedeutet erst einmal nicht, sofort alles zur Verfügung zu haben, was wir uns ausdenken. Es bedeutet erst einmal, uns der Fülle des Geistes bewusst zu werden und aus dieser Fülle – und nicht aus dem Gefängnis der Gegebenheiten – heraus zu leben und zu handeln. Wir fragen uns, ob das Glas halb voll oder halb leer ist, und vergessen dabei völlig die Dankbarkeit darüber, dass dort überhaupt ein Glas vorhanden ist, das stets neu gefüllt werden kann.

Heute will ich einmal ganz bewusst aus meiner inneren geistigen Fülle heraus schöpfen, mir etwas Gutes einfallen lassen.

3

Seit Millionen von Jahren war in der Wüste ein Schatz verborgen, das Erdöl, aber die Menschen an der Oberfläche waren arm. Erst als sie diesen Schatz entdeckt und gefördert haben, indem sie in die Tiefe gingen, wurde der innere Reichtum auch im Außen sichtbar. Unterschätzen Sie daher nicht Ihre Fähigkeiten, in die Fülle einzutauchen.

Wir müssen unser Bewusstsein verlagern. Dies bedeutet, nicht bei anderen, sondern zuerst einmal bei uns selbst in die Tiefe zu gehen und den inneren Schatz, das inwendige Reich des Bewusstseins auszugraben und aus ihm heraus zu leben und zu handeln. Ohne das Wissen, wie wir Gott erreichen können, sind wir arm. Sobald es uns gelingt, das Göttliche tief in uns zu spüren und hervorzurufen, sind wir reich.

Heute will ich einmal ganz bewusst in mir selber nachbohren und entdecken, mit welcher Gabe, mit welchem Schatz ich von Gott ausgestattet worden bin.

4

Der richtige Platz für meinen geistigen Weg ist dort, wo ich gerade stehe.

Die Versuchung ist groß, angesichts der Erhabenheit spiritueller Gefühle Haus und Hof zu verlassen und spirituelle Erfüllung in einem Kloster, Ashram oder Außenseiterdasein zu suchen. Wenn dieses Bedürfnis zu mächtig ist, werden wir dem nachgeben. Aber letztendlich wird uns das Leben immer wieder auf den Platz verweisen, den wir verlassen haben, und uns bitten, diesen wieder einzunehmen. Der Ausgangspunkt für unseren spirituellen Weg ist nicht so sehr in einer äußeren, sondern eher in einer inneren Neupositionierung zu finden.

Heute will ich einmal ganz bewusst den Platz, an dem ich stehe, beruflich, privat, beziehungsmäßig und gesundheitlich orten und akzeptieren.

5

Fülle ist ein natürliches Gesetz des Universums. Die Natur zeigt sich überall geradezu verschwenderisch großzügig, überall ist Fülle. Und doch ist es offensichtlich, dass es vielen Menschen nicht gelingt, an dieser Fülle teilzuhaben, weil sie ihr inneres Potenzial nicht kennen oder zumindest nicht optimal nutzen.

Fülle ist keine Frage der Umverteilung, sondern eine Frage des Bewusstseins. Selbst wenn man alles Geld der Welt zusammennehmen und auf die Milliarden von Menschen verteilen würde, wären binnen kürzester Zeit Arme wieder arm und Reiche wieder reich. Wir müssen die Fülle IN UNS entdecken und sie bitten, sich auf die äußeren Lebensumstände auszudehnen.

Heute will ich ganz bewusst den „Geist der Fülle" in mir ansprechen und ihn auf meine Lebensumstände ausdehnen.

6

Noch nie hat es jemand geschafft, mit einem Mangelbewusstsein im Wohlstand zu leben. Das eine schließt das andere absolut zuverlässig aus.

Wir sollten uns erst einmal darüber bewusst werden, wer wir wirklich sind. Wir sind nämlich ein ungeteilter Teil des EINEN Bewusstseins, das wir auch Gott nennen. An uns als Gott werden Umstände herangetragen, die wir je nach menschlichem Entfaltungsgrad unserer innewohnenden Gottheit souverän oder mangelhaft bewältigen. Es ist unsere Aufgabe, die Fülle, die wir sind, möglichst auf alle Lebensbereiche hin auszudehnen, die an uns herangetragen werden. Hierbei sollten wir nichts überstürzen – wir haben ja die Ewigkeit vor uns.

Heute will ich mich einmal ganz bewusst mit der mir innewohnenden Gottheit verbinden und Wohlstand und Fülle in mir spüren und durch mich ausstrahlen.

7

Wohlstandsbewusstsein zu entwickeln beginnt damit, dass ich das Mangelbewusstsein loslasse.

Die meisten Menschen machen ihre eigenen Vorstellungen zum Maßstab ihres Wohlstands und leben daher ständig im Mangel. Wann immer wir davon überzeugt sind, ein Mensch oder ein Umstand sollte sich anders verhalten, als er es tut, sind wir im Mangelbewusstsein. Wenn wir unsere Vorstellungen hinterfragen, ob sie der Realität entsprechen, lautet die Antwort immer „nein". Wenn wir uns mit der Realität anlegen, verlieren wir immer und zwar zu 100 Prozent. Sobald wir unser Mangeldenken loslassen, erleben wir die Fülle um uns herum.

Heute will ich darauf achten, ob ich mich oder meine Lebensumstände als „arm" erfahre, und in Frieden und Dankbarkeit kommen mit dem, was ich habe.

8

Reichtum entsteht durch die Kombination geistiger Prinzipien und kraftvollen Handelns.

Unser Handeln wird sehr häufig durch unsere Neurosen und Vorstellungen bestimmt. Wir agieren häufig viel zu viel und dabei viel zu sehr in die falsche Richtung. Unser Handeln muss aus dem Inneren und der geistigen Stimmigkeit erwachsen. Dies bedarf der Rückverbindung mit uns selbst. Dadurch erhält unser Handeln auch die benötigte Kraft.

Heute achte ich darauf, dass meine Handlungen meiner innersten Ethik entsprechen und dass ich nur dort handle, wo meine geistigen Prinzipien dies gebieten.

9

Vermögend ist nur der, der etwas vermag, und wer viel vermag, der ist sehr vermögend. Darum ist es wichtig, sein inneres Potenzial zu entwickeln, um es im Außen als Wohlstand in Erscheinung treten zu lassen.

Jesus sagt es so schön: „Nicht ich handle, sondern der Vater durch mich tut die Werke." Wenn wir vermögend sein wollen, dann müssen wir uns mit demjenigen in unserem Inneren verbinden, der etwas vermag, und aus ihm heraus wachsen. Unser Ego ist nicht potent, es ist höchstens anmaßend.

Heute will ich mich einmal ganz bewusst mit der wirkenden Gottheit in meinem Inneren verbinden.

10

Jeder bestimmt durch die Öffnung und Erweiterung seines Bewusstseins selbst die Stufe, auf der er lebt, gibt sich selbst seinen Wert und sein Schicksal und genießt so viel Achtung, wie er sich selbst erweist.

Selbstwert erlangen wir dadurch, dass wir dem Selbst, also dem Göttlichen in uns, einen Wert geben. Wir müssen unser Bewusstsein gegenüber dem Selbst öffnen. Die Stufe, auf der wir leben, hat nichts mit dem zu tun, wie unsere Umstände derzeit aussehen. Es ist eine „innere Stufe". Selbst als Clochard können wir noch wie ein König leben, wenn wir im Bewusstsein unseres wahren Selbst verhaften. Nicht die Umstände sind es in erster Linie, die uns leidend oder glücklich machen, sondern unsere Interpretation und Haltung ihnen gegenüber.

Heute will ich einmal ganz bewusst meinem Selbst Achtung erweisen.

11

Das Gesetz der Fülle besagt, dass uns die Fülle des Lebens als unser geistiges Erbe gebührt. Sie steht uns jeden Augenblick zur Verfügung.

Erst einmal sollten wir uns bewusst machen, was wir überhaupt unter der Fülle verstehen. Oft bestehen nämlich zwischen dem, was unser Verstand, und dem, was unser Selbst unter der Fülle versteht, unerkannte Meinungsverschiedenheiten. Fülle muss nicht immer bedeuten, dass wir reichlich Geld habe. Sie kann sich auch darin ausdrücken, dass wir über viel Zeit, Mitgefühl, Liebe, Sensibilität, viele Aufgaben oder Herausforderungen verfügen.

Heute will ich mir einmal die Art der Fülle bewusst machen, die ich derzeit habe, und für diese Fülle dankbar sein und sie bewusst liebevoll annehmen.

12

Sobald der Mensch erkennt, wer er wirklich ist und sein geistiges Erbe annimmt, manifestiert sich in seinem Leben die Fülle. Wer dieses Gesetz in seinem vollen Umfang erkannt hat, kennt keinen Mangel mehr.

Mangelbewusstsein drückt sich in fehlender Rückverbindung zu dem Schöpferbewusstsein aus, das ja ein Bewusstsein der Fülle ist. Psalm 23 beschreibt es ganz deutlich: „Der Herr ist mein Hirte, mir wird nichts mangeln!" Dieser Vers ist nicht nur eine Behauptung, er ist auch eine Ursache, eine Gedankenform, die wir in jeder, wirklich in jeder Situation hervorbringen können. Er ist eine Antwort auf so viele – oftmals schwierige – Lebenssituationen.

Heute will ich ganz bewusst den Wohlstand in meinem Leben anerkennen – dort, wo er bereits vorhanden ist, und Gott und meinem Selbst dafür dankbar sein.

13

Indem wir überall im Leben die Bereitschaft zur Fülle erkennen, rufen wir diese in Erscheinung. Dies ist aber nur sinnvoll, wenn wir unser ganzes Leben zu einer Offenbarung der Fülle machen.

Die Fülle, die wir suchen, ist überall verborgen, aber sie versteckt sich gern. Wir müssen sie gezielt ansprechen, um sie zu erlauben. Dies geschieht, indem wir mit Liebe durch den Tag gehen und die Fülle, die wir im Außen erleben möchten, aus uns hervorbringen. Dort, wo dies nicht gleich gelingt, haben wir die Möglichkeit, durch das Gesetz des Segnens einzuwirken. Auf diese Weise kann sich die Fülle in der ihr gemäßen Form – unbelastet von unseren Vorstellungen – zeigen.

Heute will ich einmal ganz bewusst die Fülle, die Vollkommenheit, die Stimmigkeit in den Situationen des Lebens, die mir begegnen, ansprechen.

14

Wer die innere Fülle nicht erkennt, der steht sich und seinem Erfolg selbst im Weg.

Wenn wir dem äußeren Erfolg nachlaufen, muss dieses Unterfangen scheitern. Wir erreichen möglicherweise das Begehrte, werden damit aber nicht dauerhaft glücklich. Und oft verlieren wir es wieder. Wann immer wir etwas begehren, müssen wir erst einmal diesen Anreiz für eine Rückbesinnung nach innen nutzen. Wir müssen das Begehrte zu uns nehmen, indem wir es annehmen und „ja" dazu sagen. Dann sollten wir im Sein verharren und dem Begehrten erlauben, zu uns zu finden. So verwirklicht sich die Fülle durch uns.

Heute will ich mich einmal ganz bewusst fragen, was ich im Außen begehre, und das Begehrte in mir annehmen und reifen lassen.

15

Erkenne ich, dass ich von meiner inneren Natur her reich bin?

Vergleichen wir unser Bewusstsein mit dem eines Tieres, erkennen wir die gewaltigen Unterschiede in den Möglichkeiten. Ich will damit nicht sagen, dass jeder diese Möglichkeiten nutzt. Erst wenn wir unser „inneres Schatzhaus" entdecken, suchen wir Antworten auf unser Leben, die über das althergebrachte Denken hinausgehen. Diese Antworten sind zutiefst individuell und tragen zum Schöpfungsreichtum bei. Und dies ist der Augenblick, in dem unser innerer Genius erwacht und darauf wartet, kultiviert und trainiert zu werden.

Heute will ich, bevor ich handle oder spreche, mein „inneres Schatzhaus" aufsuchen und wahrnehmen, was ich aus ihm hervorholen kann.

16

Alles, was Ihnen widerfährt, ist potenziell eine Chance, um die Fülle in Erscheinung treten zu lassen.

Viele Situationen, die uns begegnen, erscheinen erst einmal als eng, vielleicht sogar als beängstigend. Möglicherweise fordern sie unsere Angst heraus. Wir sind mit ihnen nicht einverstanden und fühlen uns durch sie bedroht. In solchen Situationen sollten wir unsere eigene Enge erst einmal wertfrei beobachten und erkennen: Nicht die Situation ist bedrohlich, sondern wir sind eng. Wir sollten uns diese Enge eingestehen. Indem wir dies tun, sind wir mutig uns selbst gegenüber. Dies ist der Augenblick der Einsicht und der Wandlung.

Heute sehe ich mir eine beengende oder beängstigende Situation an, gestehe mir meine eigene Enge ein und lasse in ihr Fülle und Weite einfließen.

17

Mögen die Umstände noch so schwierig erscheinen, durch die Bejahung der Fülle erhebe ich mich über sie und wandle sie um.

Wenn die Umstände schwierig erscheinen, kann es ratsam sein, diese erst einmal auf Papier zu bringen: „Wie lauten die Umstände, und was ist so schwierig an ihnen?" Dann aber sollten wir innehalten und den Geist der Fülle in unserem Inneren aufsuchen. Aus ihm heraus können wir uns dann auch in die schwierigen Umstände hinein ausdehnen. In diesem Augenblick stehen nicht mehr die Umstände im Mittelpunkt und schikanieren uns, sondern wir erleben uns (das) selbst im Mittelpunkt und die Umstände als Chance zur Besserung.

Heute will ich mir einmal Aspekte meines Lebens bewusst machen, die verbesserungswürdig sind, und sehen, wie sie aus Sicht der Fülle sein könnten.

18

Oft fühle ich mich nicht würdig, in der Fülle zu leben – diese Einstellung verhindert zuverlässig, dass das in Erscheinung tritt, was das Leben mir bereitwillig geben möchte.

Wir glauben, wenn wir uns (dem) selbst einen Wert geben, dass wir dann angegriffen oder für egoistisch gehalten werden. Doch in Wahrheit werden wir nur getestet, ob wir uns mit unserem Selbst oder irgendeiner Manie identifizieren. Dort, wo die Fülle in unserem Leben noch nicht komplett durchgebrochen ist, sollten wir immer wieder unseren Selbstwert und unser Bewusstsein in diesen Lebensbereich hereinbringen und erleben, wie das Leben durch alle Beteiligten mehr und mehr die hereingebrachte Fülle auszudrücken vermag.

Heute will ich einmal ganz bewusst erlauben, dass der Wert meines (des) Selbst sich in dieser Situation auszudrücken vermag.

19

Das Gesetz der Fülle kann nur in dem Maße wirksam werden, wie ich selbst zum Kanal werde, durch den sich die Fülle manifestiert.

Zum Kanal zu werden bedeutet, nicht der Fülle mit seinem Ego im Weg zu stehen. Ein Kanal ist durchlässig und nach innen (gegenüber Gott) widerstandslos – sonst kann nichts durch ihn fließen. Fülle ist ein Geschehenlassen in diesem Bereich zwischen Anstrengung und Müßigkeit. Sie entsteht in diesem Bereich des SEINS, indem wir die Dinge weder eigenwillig vorantreiben, noch sie unterdrücken. Sie ergibt sich logischerweise daraus, wenn wir uns selbst (als Ego) aus dem Weg gehen.

Heute will ich mich einmal ganz bewusst als Kanal der Fülle erfahren.

20

In der Fülle zu leben heißt auch, aus bestem Vermögen zu geben – anderen und sich selbst.

Ein Sprichwort lautet: „Wer nimmt, der schuldet. Wer gibt, der hat gut." Gemeint ist damit das eigenwillige „jemandem etwas Wegnehmen" im Verhältnis zum bedingungslosen Geben. Wenn wir geben, dann müssen wir ja unseren inneren Kanal geöffnet halten, um nicht innerlich auszubluten. Indem wir für die anderen – und uns selbst – da sind, öffnen wir den Fluss der Fülle. Wir erlauben dieser Fülle genau in dem Maße und der Form in Kraft zu treten, in der wir oder die anderen sie annehmen können.

Heute will ich einmal bewusst darauf achten, was ich mir – oder einem anderen Menschen – aus mir selbst geben kann, ohne mich dabei anzustrengen.

21

Um der Fülle teilhaftig werden zu können, muss ich mein kleines Ich meinem wahren Selbst übergeben. Das meint Jesus mit der Aussage: „Trachtet zuerst nach dem Reich Gottes und euch wird alles Übrige zufallen!“

Wir müssen zuerst einmal wissen, dass das Reich Gottes vorhanden ist. Jesus sagt: „Das Reich Gottes ist inwendig in euch.“ Wir sollten es offenbar in uns suchen und finden. Dabei müssen wir uns von unseren zarten Empfindungen leiten lassen und vielleicht durch einige Irrtümer gehen, bis wir das Reich Gottes in uns selbst entdeckt und gespürt haben. Das Ego mit seinen Vorstellungen löst sich dabei auf. Auf dieser Reise vom Ego zum Selbst müssen wir also möglicherweise „Federn lassen“. Irgendwann beginnt dann das Selbst durch uns zu handeln – dies ist ein neuer Weg, eine neue Sprache, die zu lernen ist.

Heute will ich einmal ganz bewusst mein Wirken und Handeln Gott übergeben.

22

Erst wenn wir uns als Mitschöpfer begeistern und uns bemühen, die Welt durch unser Wirken zu verbessern, wird die Fülle unser ständiger Gast sein.

Wenn wir für uns das Beste, für die anderen aber nicht das Beste wollen, dann kapseln wir uns dadurch von der Fülle ab. Wenn wir überlegen, wie wir diese Welt verbessern können, dann brauchen wir gar nicht so weit in der Ferne zu suchen. Immer wieder kommen Menschen auf uns zu, denen wir eine Chance sein können, ein Anlaufpunkt für das Gute. Und indem wir zusammen mit anderen überlegen, was geschöpft werden kann, erfahren wir uns als Mitschöpfer, als Wirkender im Auftrag des Guten und der Stimmigkeit im Einklang der Fülle.

Heute will ich ganz bewusst zum Wohle der Menschen, die mich brauchen, beitragen.

23

Übel ist die Gewohnheit, zu viel zu reden und zu wenig zuzuhören – denn man lernt nichts, wenn man selbst redet, aber man kann immer etwas lernen, wenn man wirklich zuhört.

Nicht umsonst hat der Mensch zwei Ohren und nur einen Mund. Das Ohr ist ein sehr „wendiges“ Organ. Wir können hinter das oberflächlich Gesagte hören. Wir können „heraushören“, welche verborgene Botschaft das Gesagte enthält. Wir können durch unsere Offenheit im Hinhören den anderen das Gefühl geben, sie zu verstehen, zumindest aber ihr „so Sein“ annehmen. Dann sind wir auch in der Lage, mit den wenigen Worten, die wir sagen, die anderen zu berühren und sie selbst wirklich zu meinen.

Heute will ich einmal ganz bewusst hinhören, wenn ich angesprochen werde, und das Gesagte ganz tief in mich hinein nehmen.

24

Denken und reden Sie positiv über den anderen, auch wenn er nicht da ist. Die Distanz spielt nämlich im Bereich des Denkens keine Rolle – das haben auch die Physiker eindeutig festgestellt. Es ist also egal, ob der Meier vor Ihnen sitzt, wenn Sie ihm etwas Gutes oder Schlechtes wünschen, oder ob er in diesem Moment auf Hawaii in den Ferien weilt. Im geistigen Bereich gibt es keinen Raum.

Dieses Wissen fordert uns dazu auf, eine „stimmige" Einstellung gegenüber den anderen zu gewinnen. Positiv über jemanden zu reden bedeutet nicht, ihn in den Himmel zu loben, wenn wir ihn insgeheim für eine Niete halten. Wir sollten schon authentisch sein. Es bedeutet vielmehr, ihn so anzunehmen, wie er ist, und ihn in seinem so Sein ernst zu nehmen. Und – wenn es uns möglich ist – mit Worten auszudrücken, dass wir ihn erkennen, das heißt, dass wir das Göttliche, den Beitrag, den der andere für unser Leben leistet, anerkennen.

Heute will ich mir einmal Gedanken über einen Menschen machen, mit dem ich Schwierigkeiten habe oder hatte, und seinen Wert für mein Leben anerkennen.

25

Humor ist eigentlich unverzichtbar und kann gar nicht überdosiert werden. Eine seiner Folgen ist das Lachen. Aber Lachen ist auch ein Loslassen von dem Unwesentlichen, dem Ego, von der Schwierigkeit, dem Ballast und eine Hinwendung zum Wesentlichen, der Leichtigkeit des Seins. Witz, Komik, Ironie und Satire sind die Geschwister des Humors, der wohl selbst der freundlichste, bescheidenste und wohl auch leiseste von allen ist.

Lachen ist gesund und beflügelt Körper, Geist und Seele. Es hat aber noch weitere positive Wirkungen: beispielsweise Stressreduktion, Stärkung des Verdauungs-, Atmungs- und Kreislaufsystems und Ausschüttung von Endorphinen (Glückshormonen). Die sprichwörtliche Kraft des befreienden Lachens macht sich auch die provokative Therapie zunutze. Denn ein Mensch, der über sich selbst lachen kann, hat sich schon ein gutes Stück von seinen Problemen entfernt, die ihn quälen. Ihm eröffnen sich Perspektiven und Auswege, die erst der distanzierte Blick erkennt.

Heute will ich mich einmal an eine Situation erinnern, in der ich herzhaft lachen konnte – über mich selber.

26

Humor ist eine köstliche, meist unerwartete Art, dem anderen die Wahrheit zu sagen.

Wir alle leiden darunter, dass wir uns zu wichtig nehmen und dass wir nicht über uns selbst lachen können. Damit stehen wir uns selbst im Weg. Es gibt eine Therapierichtung, die sich unter anderem damit beschäftigt, die Menschen wieder zum Lachen – über sich selbst – zu bringen: Die sogenannte „provokative Therapie“. Wenn wir irgendwo in einem Dogma, Glaubenssatz oder einer Lebenshaltung festhängen, hilft uns ein humorvoller Ansatz, uns aus unserem „Eingeschnapptsein“ zu lösen. Wenn wir jemandem humorvoll eine Wahrheit mitteilen, drücken wir damit aus, dass wir uns die Mühe gemacht haben, ihn zu durchschauen, ihm aber nicht böse sind. Das befreit – ihn und uns.

Heute will ich mich an eine Begebenheit erinnern, bei der mir jemand auf humor- und liebevolle Weise eine unangenehme Wahrheit gesagt hat.

27

Drücken Sie Ihre innere Fülle aus in Gedanken, Worten und Handlungen, statt „mentale Schallplatten“ abzuspielen.

Der Schallplattenspieler unseres Verstands gibt eine ganz eigene Melodie von sich. Es sind immer die GLEICHEN Töne, die aus ihm hervorquellen – verbal oder auch nur gedanklich. Vor dem Betätigen des Denkinstruments sollten wir unser Bewusstsein einschalten und uns überlegen, wer wir wirklich sind. Statt dem Diktat des Schallplattenspielers zu folgen, sollten wir innerlich bejahen: „Ich bin! Ich bin Liebe! Ich nehme mich an, wie ich bin!“ Dann werden auch Töne anderer Qualität aus uns hervorquellen, Töne der Fülle und des „Ja“!

Heute will ich einmal ganz bewusst mit der „inneren Fülle“ Kontakt aufnehmen und aus ihr heraus denken, sprechen und handeln.

28

Lernen Sie den optimalen Gebrauch des „Zauberinstruments Stimme“. Das bedeutet nicht, die Sprache eines anderen nachzuahmen, sondern über Ihre eigene Stimme Ihre erfolgreiche Persönlichkeit zum Ausdruck zu bringen.

In dem Wort „Stimme“ ist das „Stimmigsein“ enthalten. Unser Körper sollte das „Instrument“ sein, um die Seele und durch sie das Selbst auszudrücken. Dabei ist es nicht wichtig, ob wir hochdeutsch oder plattdeutsch sprechen. Entscheidend ist hingegen, dass sich das Selbst durch unsere Sprache ausdrückt. Das Wort Persönlichkeit kommt von dem lateinischen „Persona“, das, was durch die Maske tönt. Durch Gesang und Stimmtraining ist es uns möglich, für den Klang des Selbst immer mehr verfügbar zu sein.

Heute will ich einmal ganz bewusst auf meine Stimme achten, vielleicht sogar meine Stimme aufnehmen und sie hinterher wieder abhören.

29

Die kürzeste Entfernung zwischen zwei Menschen ist ein Lächeln.

Ich erinnere mich an eine Begebenheit: Nada und ich wurden Zeuge, wie sich zwei Menschen stritten. Geistesgegenwärtig pflückte Nada zwei Gänseblümchen, schenkte jedem der beiden Streitenden eines davon und lächelte sie an. Der Streit war in Minutenbruchteilen behoben. Um einem anderen Menschen ein Lächeln schenken zu können, müssen wir uns selbst zulächeln, in uns hineinlächeln, wie Buddha es tat. Im TAO-Yoga ist diese Methode des inneren Lächelns Grundvoraussetzung für jeden weiteren Schritt. Wenn wir uns selbst gegenüber ein inneres Lächeln aufbringen können, geben wir es einfach weiter, an den Menschen, der uns heute begegnet.

Heute will ich in mich hineinlächeln. Sollte ich damit Schwierigkeiten haben, stelle ich mir das Lächeln eines Geliebten oder spirituellen Meisters vor.

30

Wenden Sie sich beim Gespräch innerlich ganz dem anderen zu. Stellen Sie sich auf ihn ein und lassen Sie ihn Ihr Interesse und Ihre Anteilnahme spüren.

Interesse und Anteilnahme sind nicht abhängig davon, wer der andere ist und welchen Nutzen er uns bieten kann. Sie sind vielmehr Ausdruck unserer eigenen Geistesgegenwart. Sich auf einen Menschen einzustimmen ist vergleichbar mit dem wechselseitigen Einstimmen zweier Musikinstrumente. Wenn wir selbst gerade unstimmig sind und uns deshalb gerade nicht auf andere einstimmen können, ist oftmals der beste Weg, damit umzugehen der, dem anderen zu sagen, wie es uns gerade geht.

Heute will ich im Gespräch den anderen ganz bewusst spüren und mich auf ihn einstellen, mit der Absicht, das Selbst im anderen zu erreichen.

31

Die Kunst, Menschen zu überzeugen und für sich zu gewinnen, hängt zu einem hohen Maße davon ab, wie Sie sprechen. Die Stimme ist Ihre „hörbare Visitenkarte".

Wenn wir einen Menschen für uns gewinnen wollen, müssen wir zuerst einmal uns für uns selbst gewinnen. Wir müssen uns annehmen und mit uns in Einklang kommen. Darüber hinaus sollten wir uns über unser Anliegen im Klaren sein: Warum spreche ich den oder die anderen an – wo will ich mit dem oder den anderen hin? Es bedeutet auch mit dem eigenen Ausdruck in Harmonie zu kommen. Dies bedeutet unter anderem auch anzuerkennen, dass es gut ist, dass wir eine Stimme haben und uns ausdrücken können. Und dass unser Ausdruck im doppelten Wortsinne „gut" ist.

Heute will ich mich ganz bewusst im doppelten Wortsinne um einen „guten Ausdruck" bemühen.

September
Lebenskunst

1

Das Leben ist ein Spiel, aber die meisten scheinen die Spielregeln nicht zu kennen oder vergessen zu haben.

Eines der großen Lebensgeheimnisse ist, dass das Leben genau das ist, was wir daraus machen. Das Leben als Spiel zu erleben bedeutet nun nicht, leichtsinnig durchs Leben zu gehen ohne Sinn und Instinkt für die Risiken. Es besagt aber sehr wohl, unsere Identifikationen mit Rollen, Mustern und starren Vorstellungen zu lockern, wenn möglich sogar diese loszulassen. Und es beinhaltet, sich immer mehr der „Einheit allen Seins" zu nähern.

Heute will ich mir einmal ganz bewusst ansehen, welches „Spiel" ich im Leben spiele: Wenn mein Leben ein Kinofilm wäre, wie würde dieser heißen?

2

Wenn Sie das Leben als Spiel erkannt haben, werden Sie sich auch nicht mehr über Schwierigkeiten beschweren, da dies ja gerade den Reiz des Spiels ausmacht. Würden Sie immer nur gewinnen, ohne auch einmal so richtig gefordert zu werden, wäre das Spiel bald langweilig. Das Interessante an Schwierigkeiten ist, dass Sie in der Lage sind, jede zu meistern, ganz gleich, wie schwierig sie derzeit erscheinen mögen.

Der eine zerschellt an Schwierigkeiten, der andere wächst über sie hinaus. Wenn wir vor einem Problem stehen, dann sollten wir uns einmal fragen, was uns diese Schwierigkeit „günstigstenfalls" signalisieren will, wozu sie uns auffordert und wie wir uns angesichts ihrer optimal positionieren können. Eigentlich geht es gar nicht um den Erfolg selbst, sondern darum, wie sehr wir an den Schwierigkeiten gewachsen sind und die Anforderungen des Lebens als Herausforderungen unseres Selbst nutzen konnten.

Heute will ich einmal ganz bewusst eine Schwierigkeit als Chance nutzen.

3

Das Leben meistert man spielerisch oder gar nicht.

Bei einem Spiel gibt es Spielfiguren und Spieler. Die Spieler bewegen die Spielfiguren auf dem Spielbrett. Leider identifizieren wir uns jedoch viel zu sehr mit den Spielfiguren und viel zu wenig mit dem Spieler. Um das Leben als Spiel zu erkennen, müssen wir mit dem Hintergrund unseres Seins Kontakt aufnehmen, uns mit dem Hintergründigen auseinandersetzen. Wir müssen den Schmerz, die Zweifel, die Bedenken, die wir mit uns herumtragen, mit hinunter in unsere eigene Tiefe nehmen, von wo aus sich die stimmigen Einstellungen dann ergeben.

Heute will ich ganz bewusst eine spielerische Einstellung zu den Dingen gewinnen, insbesondere zu eigenen Projekten und denen anderer.

4

Lebenskunst bedeutet, mit dem IST im Einklang zu leben.

Sobald wir glauben, jemand oder etwas sollte anders sein, als es ist, kreieren wir in uns einen Widerstand gegen die Wirklichkeit, also gegen das, „was wirkt“. Wir sollten uns bewusst machen, wer oder was unserer Meinung nach anders sein sollte, als er oder es ist. Dann sollten wir tief in unser Herz gehen und uns fragen, ob es wahr ist, dass dieser Mensch oder Umstand anders sein sollte, als er oder es ist. Wir sollten den betreffenden Menschen oder Umstand aus unserer Vorstellung, wie er zu sein hat, entlassen. Sobald wir dies schaffen, finden wir auch für uns die richtige Einstellung und Antwort auf den Menschen oder Umstand.

Heute will ich mir bewusst machen, welcher Mensch anders ist, als er meines Erachtens sein sollte, und den Menschen aus dieser Vorstellung entlassen.

5

Alles ist immer so leicht oder so schwer – wie Sie es nehmen.

Johannes Paul II. wurde einmal von einem kleinen Mädchen gefragt, warum die Engel fliegen können. Er lächelte und antwortete: „Weil sie sich nicht so schwer nehmen!" Es gibt eine oberflächliche Leichtigkeit, die wir Leichtsinn nennen – doch er ist töricht. Und es gibt eine tiefgehende Leichtigkeit, die wir Lebenskunst nennen – und sie ist weise. Wir sollten unsere Neigung zu Lebensdramen aufgeben und stattdessen in der Leichtigkeit die Stimmigkeit suchen, die sich mit unserer Seelentiefe verbindet.

Heute will ich einmal ganz bewusst mir etwas vornehmen, das mich bedrückt, und mich fragen, ob das Bedrückende wirklich so wichtig ist, wie ich glaube.

6

Versuchen Sie nicht mehr, so schnell wie möglich das Ziel zu erreichen, sondern genießen Sie den Weg.

Wenn wir immer nur das Ziel fixieren, verpassen wir den Weg – mehr noch, der Weg, das Leben erscheint sinnlos, wenn wir unser Ziel verfehlen sollten. Und sollten wir doch unser Ziel erreichen, registrieren wir, dass alle Schwierigkeiten noch immer vorhanden sind. Wir stellen fest, dass am Ziel angekommen lediglich ein neuer Weg beginnt. Wahre Lebenskunst zeichnet sich eher darin aus, den Weg zu genießen, ja, uns vom Weg verwandeln zu lassen, wieder und wieder – dann spielt es am Ende keine Rolle, ob wir das Ziel erreicht haben oder nicht.

Heute will ich einmal ganz bewusst jeden Schritt, jede Handlung genießen und das Gehen des Weges selbst als einen Weg zur Freude erfahren.

7

Die Frage, WIE man lebt, ist weniger wichtig als die Frage, ALS WER man lebt. Denn erst die Selbstidentifikation erschließt das volle Potenzial des Menschen, ermöglicht das „Wissen hinter dem Wissen“, das Wahrnehmen der Wirklichkeit, ohne den Verstand einzuschalten.

Vielleicht kennen Sie die russischen Matrioschka-Figuren, bei denen eine Puppe in der anderen versteckt ist. So ähnlich wie sie funktionieren auch wir – eine Schale umgibt die andere. Wenn wir uns fragen, „als wer“ wir diese oder jene Erfahrung machen, kommen wir uns selbst auf die Spur. Wir können einer Erfahrung als Beschwichtiger, als Aggressor, als rationaler Computer, als Richard Kimble (*Auf der Flucht*) oder als Liebender begegnen. Indem wir uns das „als wer“ bewusst machen, ordnet sich darauf aufbauend auch das „wie“.

Heute will ich mir bewusst machen, „als wer“ ich ein Gespräch führe, handle, zuhöre oder plane.

8

Genießen heißt, in das „Geheimnis Leben“ einzutreten.

Im Genießen liegt die Schönheit des „Ja“. Genießen bedeutet, „Ja“ zu etwas zu sagen. Und dieses vollumfängliche „Ja“ öffnet uns alle inneren Türen. Wenn wir das, was uns begegnet, nicht nur annehmen, sondern – wo dies möglich ist – sogar genießen, gewinnen wir eine positive Einstellung zu unserem Leben. Nicht umsonst sagt man: „Wer das Leben nicht genießen kann, wird schnell ungenießbar!“

Heute will ich den Tag und seinen Verlauf bewusst genießen.

9

Für manche Menschen sind die Worte Genuss und Lust negativ besetzt – das sollte nicht so sein. Da das Leben als Genuss gedacht ist, sollten Sie anfangen, jeden Augenblick zu genießen.

Es gibt kurzfristigen und langfristigen Genuss. Kurzfristigen Genuss finden wir in sinnesaufpeitschenden Stimulantia, im Alkohol oder in Drogen. Ab einer gewissen Bewusstseinsstufe können uns diese jedoch nicht mehr befriedigen. Je bewusster wir werden, desto mehr suchen wir den „Genuss ohne Reue". Diesen erreichen wir, indem wir unsere Sinne verfeinern. Damit veredeln wir unser Gemüt. Wenn wir uns tief im Herzen fragen, was uns wirklich glücklich macht, gelangen wir immer mehr in den Zustand, in dem wir uns von „Bewusstsein, Kraft und Liebe" ernähren und diesen Genuss genießen.

Heute will ich mich ganz bewusst an einen Moment erinnern, in dem ich mich von Bewusstsein, Kraft und Liebe genährt fühlte.

10

Genuss ist nicht abhängig von den Umständen, sondern von meinem Umgang damit.

Oftmals suchen wir ETWAS, das wir genießen können. Dabei hängt unsere Genussfähigkeit nicht so sehr davon ab, WAS wir genießen, sondern von der Bewusstheit, in der wir etwas wahrnehmen. Nehmen wir einmal an, Sie trinken ein Glas Wasser. Spüren Sie doch dann einmal bewusst, wie die kühle Frische durch Ihren Mundraum fließt. Spüren Sie die Konsistenz des Wassers, die Temperatur, aktivieren Sie alle Sinne. Mit ein wenig Bewusstheit können Sie auf diese Weise viele alltägliche Dinge genießen – ohne dass dies mit zusätzlichen Kosten verbunden ist.

Heute will ich einmal die kleinen Dinge des Alltags im „Hier und Jetzt" bewusst genießen: eine Tasse Tee, das Luftholen, das Zähneputzen …

11

Die meisten Menschen sind zu sehr damit beschäftigt, für ihren Lebensunterhalt zu schuften, um noch Zeit zu haben, wirklich zu leben. Und viele Menschen sorgen sogar so intensiv für ihren Lebensabend vor, dass sie ihn oft gar nicht mehr erleben.

Zu den wichtigsten Voraussetzungen der Lebenskunst gehört es, Zeit zu haben – Zeit für sich selbst. Das Innehalten, das sich Spüren, das Loslassen des scheinbar so Wichtigen ist die Grundvoraussetzung dafür, dass wir regenerieren und „uns selbst“ finden können. Wir sollten der „Zeit für uns selbst“ einen hohen Stellenwert geben. Wir können in ihr meditieren, uns besinnen, Musik hören, den Atem beobachten …

Heute will ich einmal ganz bewusst auf „Ablenkungen“ und „Zerstreuungen“ verzichten und mir Zeit zum Innehalten und zur Besinnung schenken.

12

Richten Sie Ihr Bewusstsein nicht mehr vorwiegend darauf, wo gerade ein Hindernis liegt und welche Chance das Leben Ihnen derzeit verwehrt, sondern darauf, was es Ihnen in diesem Augenblick für Möglichkeiten eröffnet.

Wann immer etwas anders ist, als es unserer Meinung nach zu sein hat, sollten wir diese Unzufriedenheit bewusst wahrnehmen. Und wir sollten erkennen: „Aha, mein Verstand sagt mir gerade, es wäre schön, wenn dieses und jenes erfüllt wäre!" Dann aber müssen wir unser Bewusstsein auf die Chance des Augenblicks richten. Statt sich beispielsweise darüber zu ärgern, dass unser Partner über Nacht auf Geschäftsreise ist, sollten wir die doppelte Bettbreite genießen.

Heute will ich ganz bewusst „danke" sagen für das, was mir der Augenblick gerade freiwillig schenkt, statt darüber zu jammern, was ich gerade nicht habe.

13

Hören Sie sooft wie möglich wirklich gute Musik. Und üben Sie, Mus(ß)e zu haben – Zeit, in der Sie nichts anderes tun, als zu sein, als Lebenskünstler zu sein. Stellen Sie sich einmal seinen Tagesablauf vor. Wie sieht der wohl aus?

Musik ist nicht nur die Sprache der Seele, sie ist auch ein Tröster, Ermunterer und Ansprechpartner für alle Lebenslagen. Es gibt eine innere Musik, die wir hören, wenn wir beispielsweise unsere Ohren mit Ohrstöpseln verschließen und nach innen lauschen. Und es existiert eine äußere Musik, die unsere Seele berühren und sie erheben kann. Bewusst innere oder äußere Musik zu hören kann ein Ausdruck von Lebenskunst sein. Es gibt aber auch andere Musen, die uns Freude bereiten können, wie Malerei, Dichtkunst oder Naturverbundenheit.

Heute will ich mich einmal ganz bewusst an ein Erlebnis erinnern, bei dem ich von der Muse berührt worden bin.

14

Humor ist die Erkenntnis, dass das Leben in Wirklichkeit ein Spiel ist, das mir zur Freude gespielt wird, und wenn ich mich nicht freue, dann mache ich gerade etwas falsch. Vielleicht habe ich auch nur meinen Humor verloren.

Humor ist nicht von äußeren Umständen abhängig, sondern ein Ausdruck unserer Lebenshaltung – beispielsweise spricht man auch von „Galgenhumor". Zum Humor gehört eine spielerische Einstellung zum Leben, auch ein „nicht Anhaften" an Vorstellungen und dem, „was sein soll". Humor gleicht dem feinen Navigieren auf dem Strom des Lebens, ohne an den Felsen und Kanten des begrenzten menschlichen Denkens und Fühlens anzuhaften. Humor ist das Ergebnis von einem tiefen Verständnis des Lebens, „wie es ist".

Heute will ich eine spielerische Einstellung zu den entscheidenden Themen meines Lebens gewinnen.

15

Humor ist eine besondere Art, die Wahrheit zu sehen und spielerisch mit den Dingen umzugehen, ganz gleich, wie ernst und bedeutend sie sich geben.

Humor ist das Gegenteil von Festgefahrenheit. Dort, wo wir verbohrt sind und die Welt mit starren Augen betrachten, verlieren wir unseren Lebenswitz. Wahrheit, das ist das, was sich jeden Augenblick neu zeigt. Nur in unserem tiefen „Ja" zu dem, „was ist", offenbart sich der Humor. Und selbst in noch so verfahrener Lage beginnen wir, „durchblickenden Humor" zu entwickeln. Nicht umsonst ist der „Narr" der Einzige am Königshof, der „Narrenfreiheit" genießt und stets die Wahrheit sagen darf – ohne dafür geköpft zu werden. Weil er den Humor beherrscht. Man darf ihm nicht wirklich böse sein.

Heute will ich mich ganz bewusst mit meinem „inneren Narren" verbinden und ihn bitten, mir liebevoll über dieses oder jenes die Wahrheit zu sagen.

16

Humor gleicht einem Spiegel, der mir zeigt, was wesentlich und was unwesentlich ist.

Woher kommt das Lachen beim Humor? Wenn der Humor wirklich gut ist, dann beinhaltet er ein Erkennen. Ein Lebensumstand, ein Muster, eine Gewohnheit wird aufgezeigt, sie wird entlarvt. Worüber wir lachen, das ist das Unwesentliche, das entlarvt wurde. Derjenige, der lacht, der Erkennende, ist das Wesentliche. Humor legt das Wesentliche frei.

Heute will ich an etwas denken, das mich bei einem anderen Menschen stört, und für dieses Störende eine humor- und liebevolle Umschreibung finden.

17

Humor ist eine menschliche Grundhaltung, die auch das Schwierige mit souveräner wie heiterer Gelassenheit betrachtet.

Humor hat irgendwie auch mit Urvertrauen zu tun. Tragen wir kein Urvertrauen in uns, können wir weder über das Leben noch über uns selbst lachen. Wenn wir zu einer Sache Humor entwickeln können, dann beinhaltet dies bereits den Glauben, dass die Sache gut enden wird. Wenn wir keinen Humor zulassen können, dann müssen wir gleichermaßen Urvertrauen entwickeln, das Wissen, dass es eine intelligente Kraft gibt, die uns hält und trägt – eine Leichtkraft, die unserer Schwerkraft entgegensteht. Mit ihr können und sollten wir uns verbinden.

Heute will ich mich einmal ganz bewusst an eine Situation erinnern, in der ich Urvertrauen erlebt und mich vom Leben getragen gefühlt habe.

18

Humor ist immer gutartig, sodass er mehr Freunde schafft als ein scharfer Witz.

Der Witz liebt es, sich über etwas oder jemand lustig zu machen. Ihm fehlt das Feine, das Liebevolle. Während der Witz bissig, böse oder auch sarkastisch sein kann, so ist der Humor stets aufbauend, ermunternd und besänftigend. Viele Witze werden aus reinem Zynismus gerissen und sagen mehr über den Witzbold und seinen psychischen Zustand aus, als über denjenigen, der gerade belacht wird. Humor dahingehend ist Ausdruck einer Lebenskunst, an der viele Menschen gerne teilnehmen wollen – um leichter und weiser durchs Leben gehen zu können.

Heute erinnere ich mich an eine unangenehme Situation der Vergangenheit und finde eine liebe- und humorvolle Beschreibung oder Antwort für sie.

19

Humor macht unsere Illusionen sichtbar und führt uns durch sie hindurch in die Wirklichkeit.

Humor erstaunt oftmals durch ein unerwartetes Element, etwas Verblüffendes. In dem Sinne erweist sich der Humor als ein Aufbrechen und ein Ausbrechen aus unseren illusorischen Denkmustern. Humor befreit uns aus der Zwanghaftigkeit des folgernden Denkens, aus dem „Gefangensein im bilateralen Gehirn". Kennzeichen des Humors ist aber auch das Originelle, Unnachahmliche, scheinbar Unlogische, das unserem „inneren Genius" entspringt.

Heute will ich mich einmal an eine originelle, vielleicht humorvolle Tat oder Aussage von mir erinnern und wahrnehmen, wie diese durch mich entstand.

20

Wissen Sie, bei welchen Losen es die meisten Nieten gibt? BEI DEN HUMORLOSEN!

Alleine die Tatsache, dass wir am Leben sind, ist bereits ein Gewinn gegenüber den Seelen, die keine Chance erhalten haben, sich als Mensch zu inkarnieren. Ob eine Erfahrung gut oder schlecht ist, spielt nach unserem Tod überhaupt keine Rolle – wichtig ist, dass ÜBERHAUPT eine Erfahrung möglich ist beziehungsweise war. Jeder träumt davon, dass sein Leben „der große Preis“ ist, dass er mit seinem Leben den Hauptgewinn gezogen hat. Und bei den meisten Menschen ist dies auch so, doch leider erkennen dies nur wenige. Deshalb betrachten viele sich selbst als „Niete“, anstatt für das große Los, den Lebensgewinn, den sie täglich erleben dürfen, dankbar zu sein.

Heute will ich mich einmal ganz bewusst damit beschäftigen, in welcher Hinsicht ich mit meinem Leben „das große Los“ gezogen habe.

21

Leben ist wirklich eine Kunst. Doch die meisten existieren und funktionieren bloß – wann fangen SIE an zu leben?

Schauen wir uns einen Künstler bei der Arbeit an. Er ist ganz im „Hier und Jetzt" aufgegangen und erlebt sein Schaffen als das Wichtigste auf der ganzen Welt. Er ist vollkommen verschmolzen mit seiner Kunst und lässt seinen inneren Genius durch sich wirken. Er verfügt über einen Zugang, der dem logisch analytischen Denken verwehrt ist, und öffnet Türen, wo andere nur Mauern sehen. Die meisten Menschen laufen jedoch auf Zehenspitzen durchs Leben, in der Hoffnung, es sicher bis zum Ende zu schaffen – statt ihr Leben wie eine Kunst zu betreiben, versuchen sie einigermaßen zu „funktionieren".

Heute werde ich mir Beispiele bewusst machen von Menschen und Situationen, die „gelebt" haben, und solchen, die lediglich „funktioniert" haben.

22

Machen Sie Freundlichkeit und Aufgeschlossenheit zu Ihrer inneren Haltung. Erwarten Sie jedoch nicht, dass die anderen Ihnen dieses Auftreten auch entgegenbringen, sondern seien Sie freundlich, weil SIE sich dann in sich wohler fühlen.

Jeder Gedanke, den wir denken, passiert zuerst unsere Gehirnwindungen. Wenn wir unfreundlich und verschlossen sind, wirkt sich dies auch auf unseren Drüsen- und Hormonhaushalt negativ, ja sogar krankheitsfördernd aus. Freundlich zu sein beinhaltet nun nicht, jedem in den Allerwertesten zu kriechen. Es bedeutet lediglich anzuerkennen, dass der Nächste Mitglied der gleichen Weltenfamilie ist. Und es besagt, wenn möglich, den anderen respektvoll zu behandeln, selbst wenn er mit uns respektlos umgeht – weil wir es uns wert sind.

Heute will ich mich ganz bewusst dafür öffnen, einen Menschen, den ich noch nicht kenne, freundlich und entgegenkommend zu behandeln.

23

Ihr Leben ist so schön, wie Sie es sich machen. Schaffen Sie um sich eine lebensfrohe Atmosphäre und bringen Sie auch in Ihren Berufsalltag Originalität und Stil.

Atmosphäre, Originalität und Stil sind Ausdruck von Lebenskunst. Die wenigsten Menschen machen sich Gedanken darum, womit sie sich den ganzen Tag umgeben. Und die wenigsten Menschen haben ihren Stil gefunden – die meisten von ihnen leben in Wänden, die sie nicht inspirieren, ein Leben, das weder stil- noch gehaltvoll ist. Lebensstil heißt, sich selbst zu kennen und zu wissen, was zu uns passt. Lebensstil ist auch ein Brückenbilder zwischen uns und der Welt, die wir vorfinden.

Heute will ich mir einmal ganz bewusst Gedanken machen, wie ich Atmosphäre, Originalität und Stil in meinem Umfeld verbessern kann.

24

Sobald ich den Blick auf die Möglichkeiten richte, die mir das Leben in diesem Augenblick bietet, finde ich in jeder Sekunde eine Chance.

Das Leben bietet uns permanent Chancen, doch wir erkennen sie nicht einmal, weil wir viel zu sehr auf unsere althergebrachten Denkstrukturen und unsere Fixierung auf „Gegebenheiten" versessen sind. Möglichkeiten zu erkennen ist eine Frage des Bewusstseins – eine ganz bestimmte Form, die Welt wahrzunehmen. Oftmals ist es unsere eigene Abwehr gegen das Mögliche, das uns in unserem Kerker der Chancenlosigkeit verharren lässt. Nur wenn wir wissen, dass das Leben es gut mit uns meint, können wir die Chancen erkennen.

Heute will ich mir ganz bewusst eine Lebenssituation ansehen, die mir gerade präsentiert wird, und darin die Möglichkeit für mich erkennen.

25

Wo immer ich bin, bin ich am Ziel, also genieße ich den Weg.

Die meisten Menschen leben als „Danner“: „Wenn meine Kinder groß sind, dann …“, „Wenn ich die Rente durch habe, dann …“, „Wenn ich den idealen Partner habe, dann …“ Erfüllt leben können wir aber nur JETZT. Wenn wir beispielsweise ein Haus bauen, dann können wir bereits HEUTE den Bau des Hauses genießen, dieses faszinierende Abenteuer, wie sich ein Stein auf den anderen aufbaut. Es ist die Frage von einem SEINSZUSTAND, nicht von den Umständen, ob wir im JETZT glücklich sein können.

Heute will ich mich kleinen Zielen widmen und dabei jeden einzelnen Schritt genießen, zum Beispiel genussvoll meine „To-Do-Liste“ in die Tat umsetzen.

26

Das Leben ist ein Spiel, das mir zur Freude gespielt wird, ein Spiel, in dem ich nur gewinnen kann.

Was ist die Wurzel von Lebensfreude? Es ist das Leben selbst. Das Leben selbst ist Freude. Dies erleben wir leibhaftig, sobald wir es aufgeben, uns mit unserem Ego im Wege zu stehen. Stellen wir uns doch einmal vergleichsweise vor, wir wären in einem dunklen Keller eingesperrt, in dem NICHTS passiert. Ist die Erkenntnis, dass wir nicht von der Welt abgeschnitten sind, nicht schon ein Grund, die Vielfalt an Farben, Geräuschen, Erlebnissen eines einzigen Tages zu feiern?

Heute will ich ganz bewusst diesen Tag feiern, vielleicht sogar als Geburt eines neuen Lebens – die jeden Morgen für uns alle stattfindet.

27

Der einzige Mensch, der mich glücklich machen kann, bin ich selbst. Ich bin allerdings auch der Einzige, der mich unglücklich machen kann.

Dostojewski schreibt in seinem Stück *Die Dämonen*: „Die Menschen sind unglücklich, weil sie nicht wissen, dass sie glücklich sind. Das ist alles!" Glück erschaffen wir weder durch Wunscherfüllung noch durch Bedürfnisbefriedigung, sondern durch die Erkenntnis, dass der Schlüssel zum Glück in jedem Einzelnen SELBST liegt. Wir sollten mit diesem Schlüssel in der Hand das Glück in uns suchen und finden.

Heute suche und finde ich den Schlüssel zum Glück in mir selbst, was immer das für mich bedeutet.

28

Lebenskunst, Lebensfreude, Leichtigkeit und Glück sind nicht abhängig von irgendwelchen Umständen, nur von mir selbst.

Wir denken, dass Glück und Unglück Dinge sind, die uns widerfahren. Doch in Wahrheit sind dies lediglich Lebensumstände, die „um uns herum stehen". Sogar körperliche Leiden und Freuden betreffen nicht unser Selbst, sondern „nur" unseren Körper. Unser wahres Selbst kennt weder Freude noch Schmerz, es IST einfach. Wir sind jedoch durchaus in der Lage, aus unserem wahren Selbst heraus Glück und Freude hervorzubringen.

Heute notiere ich einmal zehn Gründe, warum ich glücklich bin. Dann halte ich dankbar inne, wissend, dass all diese Gründe letztendlich mich selbst betreffen.

29

Träumen Sie Ihren Lebenstraum und verwirklichen Sie ihn dann.

Es gibt einen feinen Unterschied zwischen einem Lebenstraum und einer Illusion. Eine Illusion beruht auf Vorstellungen und diese werden oftmals von Neurosen, Komplexen, Anerzogenem, Abwehr der Realität und vielem anderen gespeist. Ein Lebenstraum dagegen entstammt dem wahren Selbst. Er ist frei von Vorstellungen. Und er ist genau das, was wir, während wir wach sind, Tag für Tag sich selbst erfüllend erleben.

Heute will ich einmal mein wahres Selbst bitten, mir meinen Lebenstraum zu zeigen, und auch was ihm an meinem Leben wichtig und träumenswert ist.

30

Ich bin überzeugt, dass das Leben in einem physischen Körper dazu bestimmt ist, eine ekstatische Erfahrung zu sein.

Das Wort „Ekstase“ bedeutet wörtlich „heraustreten“. Es geht also darum, über die Dumpfheit und die Zwangsjacke unserer beengenden Gefühle und Gedankenstrukturen hinauszutreten. Dies ist auch zwingend notwendig, denn die gleiche Enge, die wir uns selbst antun, maßen wir auch unserer Umwelt an – und die gleiche Weite und Freiheit, in der wir leben, ermöglichen wir auch unserem Umfeld. Der menschliche Orgasmus wurde uns als Vorahnung dieser Ekstase gegeben – doch ist er nur ein schaler Beigeschmack von der unvergänglichen stillen Freude eines selbstverwirklichten Lebens.

Heute will ich mich einmal ganz bewusst auf die „Frequenz der Ekstase“ einstimmen, zum Beispiel durch Atemübungen, Meditation oder indem ich beginne zu lieben.

Oktober
Schicksalsgestaltung

1

Jeder bekommt vom Schicksal das, was er verursacht, nicht mehr, nicht weniger und nichts anderes.

Es ist schwer zu beweisen, dass jemand selbst sein Schicksal verursacht. Wenn wir jedoch genau hinsehen und das Leben unserer Freunde und Verwandten überprüfen, erkennen wir häufig etwas, das wie eine „Gegenbuchung" des Schicksals aussieht: Jemand, der andere betrogen hat, wird beispielsweise selbst hereingelegt. Nicht immer erkennen wir jedoch bei uns so eine „Gegenbuchung". Wenn wir jedoch auch für die Schicksalsereignisse, die wir nicht verstehen, die Urheberschaft annehmen, finden wir auch den Weg, unser Schicksal zu meistern – durch eine „stimmige" Einstellung dazu.

Heute schaue ich mir ein Lebensereignis an und bekenne: „Ja, das habe ich verursacht! Ich bitte mein höheres Selbst um eine stimmige Antwort darauf!"

2

Das Schicksal kann nur dort geändert werden, wo es geschaffen wird: in meinem Bewusstsein.

Es gibt einen Film mit dem Titel *Beim nächsten Mann wird alles anders!*. Doch wenn wir den Partner wechseln, ohne unser Bewusstsein zu verändern, erhalten wir nur das gleiche Problem mit einem anderen Gesicht. Genauso ist es, wenn wir den Wohnort, Beruf oder gar unseren Namen wechseln – immer nehmen wir „uns selbst“ mit. Bevor wir eine Lebensveränderung einleiten, müssen wir mit der gegenwärtigen Lebenssituation in Einklang kommen. Unsere Veränderung darf nicht einer Flucht entspringen, sondern muss Ausdruck einer neu gefundenen, aus uns selbst erwachsenden Stimmigkeit sein.

Heute schaue ich mir an, was mir an meiner Lebenssituation nicht gefällt, und erkenne, zu welcher Bewusstseinsveränderung mich die Situation auffordert.

3

Irgendwann erkennen wir, dass die Ursache für die Realität nicht außerhalb liegt, sondern in uns selbst.

Jesus sagt: „Ihr sollt vollkommen sein, wie auch der Vater im Himmel vollkommen ist." An anderer Stelle wünscht er sich von uns, dass wir „Gleiches tun und mehr", als er getan hat. Bei Jesus erleben wir, dass er in jedem Augenblick Kranke heilt, Tote auferweckt, Wasser in Wein verwandelt, tausende speist und ähnliche Wunder bewirkt. Er lässt sich nicht von Gegebenheiten blenden, sondern bringt die „göttliche Gegenwart", die auch in uns liegt, in jeden Augenblick hinein.

Heute will ich einmal darum bitten, dass die bestmögliche Realität – in dem Maße, wie ich sie gut ertragen kann – sich in meinem Leben zeigt.

4

Die meisten Menschen glauben, dass sie ihr Leben selbst bestimmen. In Wirklichkeit wird ihr Leben bestimmt von ihren selbst gewählten oder anerzogenen Verhaltensmustern, von ihren Vorstellungen, Wünschen und Sehnsüchten, von der Meinung der anderen, ihren Erwartungen und der Rolle, die sie spielen.

Ein bekanntes Lied lautet: „Wenn du denkst, du denkst, dann denkst du nur, du denkst." Der größte Teil unseres Lebens läuft routinemäßig ab. Für viele tägliche Arbeiten ist dies auch hilfreich. Leider verlieren wir angesichts der Routine oftmals den Blick für das Wesentliche. Gott sei Dank sendet uns das Selbst immer wieder ein kleines, zartes Gefühl des Unerfülltseins, wann immer wir fremden Normen und unzeitgemäßer Routine gehorchen. Diese Empfindung sollten wir ernst nehmen, mit ihr meditieren und uns auf uns selbst besinnen. So gelangen wir immer mehr von einem fremd- zu einem selbstbestimmten Leben.

Heute will ich immer wieder auf dieses zarte, feine Gefühl in meinem Inneren hören und mir bewusst machen, wo ich selbst- und wo ich fremdbestimmt lebe.

5

Realität, das ist nicht das, was Sie sehen, sondern sie ist aus Schwingungen zusammengesetzt, deren Frequenzen verändert werden können. Tatsache ist, dass Ihre Welt ganz einfach durch Ihre Aufmerksamkeit beeinflusst werden kann.

Ein Weiser sagt: „Wahrnehmung, Objekt der Wahrnehmung und Wahrnehmender sind das Gleiche!" Die moderne Quantenphysik belegt uns, dass ein Quantum, das beobachtet wird, alleine aufgrund der Tatsache, dass es beobachtet wird, sich physikalisch messbar anders verhält als eines, das nicht beobachtet wird. Im Klartext bedeutet dies, dass die ganze Welt auf unsere Weltsicht reagiert, sie sozusagen ein Ausdruck dessen ist, wie wir die Welt sehen. Nicht wie die Dinge „wirklich" sind, sondern die Art und Weise, wie wir die Dinge betrachten, bestimmt unsere Realität.

Heute will ich einmal die Dinge, die mich umgeben, mit den Augen der Liebe betrachten und wahrnehmen, wie sie sich alleine dadurch verändern.

6

Schicksal: Schicksal ist immer ein „Maßanzug", einmalig von mir für mich angefertigt.

Ein Mann kam in den Himmel und beschwerte sich, sein Schicksal sei ihm zu schwer. Und Petrus zeigte ihm das Schicksal der Menschen in der Form von Kreuzen. Er zeigte ihm ein kleines Kreuz und sagte ihm: „Dieses ist zu leicht, da entsteht keine Entwicklung für dich, und jenes ist zu schwer, an dem würdest du zerbrechen – suche dir ein Kreuz aus, das dir entspricht!" Nach langem Suchen wählte der Mann ein Kreuz, das ihm geeignet erschien. Es war genau das Kreuz, mit dem er gekommen war und über das er sich beschwert hatte.

Heute mache ich mir Gedanken darüber, was das Besondere an meinem Schicksal ist und worin der Maßanzug des von mir Erfahrenen liegen könnte.

7

Schicksal heißt eigentlich „geschicktes Heil", denn „sal" bedeutet „heil". Ich soll also heil werden an meinem Schicksal.

Es gibt drei Arten von Menschen: Die einen beten zu Gott, er möge ihnen diese oder jene Gunst erweisen. Die anderen glauben nicht an Gott, weil sie dieses oder jenes nicht erhalten. Und dann gibt es die Dritten, die ihre Entwicklung Gott überlassen, ohne einzugreifen, und auf diesem Wege die Einweihung in die Geheimnisse und Hintergründe allen Lebens erhalten. Das, was wir Schicksal nennen, ist in Wahrheit der Heilweg unserer Seele – wir werden diesen Planeten gereifter verlassen, als wir ihn betreten haben.

Heute will ich mein Schicksal als Chance betrachten. Welches Schicksal habe ich vom Leben bekommen und worin liegt die maßgeschneiderte Chance?

8

Alles Unheil ist nur ein äußerer Spiegel für „unstimmiges" Leben, das mir zeigt, dass ich nicht so lebe, wie ich „gemeint" bin. Ergreife ich die gebotene Chance nicht, weil ich sie vielleicht gar nicht erkenne, zwinge ich das Schicksal, eine Wiederholung in entsprechend deutlicherer Form vorzunehmen.

Aus der ewigen Gültigkeit der Seele heraus ist die Inkarnation als Mensch eine gewaltige Chance des Lernens. Als Seele ohne Körper tun wir uns schwer zu erfahren, wo wir noch etwas zu lernen haben. Eine Feinpolitur ist kaum möglich, weil uns die Reibung des Alltags fehlt, die wir nur in einer begrenzten Welt erfahren können. Sobald wir uns in einem Körper befinden, zwingt uns die Enge der Körperlichkeit zum Lernen – weil es sonst weh tut. Doch sobald wir bei allem, was es zu lernen gibt, unser wahres Selbst anzapfen, verschwindet nicht nur der Schmerz – wir bringen die Weite des Universums in die kleinste Hütte.

Heute will ich angesichts einer Schwierigkeit darum beten oder bitten, dass ich erkennen darf, was zu lernen ist, und dass ich die Kraft habe, das Erkannte umzusetzen.

9

Unsere Lebensumstände, gerade wenn sie sich wiederholen, zeigen wie ein Spiegel den Zustand unseres Bewusstseins.

Das Leben spielt uns sozusagen in Zeitlupe immer wieder die Szenen vor, in denen wir noch nicht stimmig sind. Dies ist vergleichbar mit einem Regisseur, der ein und dieselbe Szene immer wieder wiederholen lässt, bis die richtige Darstellung perfekt eingeübt ist. Sobald wir eine Situation beherrschen, kommt erstaunlicherweise dieselbe „Lektion" in unserem Leben nie wieder vor – das Leben verschwendet keine Lektionen.

Heute betrachte ich bewusst meine Lebensereignisse und achte auf Wiederholungen: Was kam immer wieder vor? Welche Haltung wird gefordert?

10

Viele Menschen fragen sich, wie ein Gott der Liebe das Leid überhaupt zulassen kann. Sie übersehen dabei, dass Leid weder „Gott gewollt“ noch „Gott gefällig“ ist, sondern nur ein liebevoller Hinweis des Lebens auf eine ungelöste Aufgabe.

Malen wir uns einmal aus, es gäbe kein Leid mehr auf diesem Planeten und auch keinen Schmerz. Dies könnte der Himmel sein – oder auch die Hölle. Stellen wir uns vor, die Menschen würden, da sie kein Leid und keinen Schmerz kennen, sich weigern, an sich zu arbeiten, und grobschlächtig ihre Vorstellungen durchsetzen – der Planet wäre in Kürze zerstört. Und dann geben wir uns der Vorstellung hin, die Menschen würden Leid und Schmerz wohl kennen, wären aber frei davon, weil sie durch sie liebend und feinfühlig geworden sind – dies wäre die Offenbarung des Paradieses.

Heute will ich einmal ganz bewusst für einen Menschen beten, der leidet, und ihm wünschen, dass auch er den Weg ins Paradies findet.

11

Wir alle haben unser Schicksal, tragen es mehr oder weniger geduldig, aber kaum jemand fragt sich einmal, warum er unter DIESEN Umständen lebt, wer sie verursacht und ob und wie man sie eventuell ändern könnte oder möchte.

Oft verstehen wir unsere Lebensumstände und Probleme nicht. In diesem Fall sollten wir uns einfach einmal einen Menschen vorstellen, der das gleiche Problem hat wie wir, nur sehr viel schlimmer. Wir sehen diesen Menschen von außen und fragen uns: „Was muss das für ein Mensch sein, der dieses Problem hat? Welche Überzeugungen hat er über das Leben und sich selbst?" Und dann stellen wir uns einmal jemanden vor, der von diesem Problem komplett befreit ist. Und hier sollten wir uns fragen: „Was ist das für ein Mensch? Welche Überzeugungen und Lebensanschauungen dürfte dieser haben?" Und dann nehmen wir die innere (Geistes-)Haltung, die dieser Mensch hat, als die eigene an.

Heute will ich ganz bewusst einmal mich selbst neu modellieren – indem ich mein Verhalten erkenne, erlaube und dann statt diesem ein neues wähle.

12

Wir alle sind Schöpfer, Träger und Überwinder unseres Schicksals in einer Person.

Die meisten Menschen erfahren sich lediglich als Träger ihres Schicksals. Schicksalsträger zu sein ist jedoch etwas Statisches. Das Lernen ist passiv. Steter Tropfen höhlt den Stein – irgendwann dämmert es einem. Doch wenn wir uns selbst als Schöpfer unseres Schicksals annehmen, wird uns auch das Überwinden immer leichter gelingen – denn dann sind wir es selbst, die am Hebel sitzen, nicht eine außen stehende böse oder gute Macht.

Heute will ich ganz bewusst die Verantwortung für mein Schicksal selbst übernehmen – und in mir bewusst die „Antwort" dafür finden.

13

Es gibt weder unverdientes Glück, noch unverdientes Leid, sondern nur Ursache und Wirkung.

Gott sei Dank leben wir nicht mehr zur Zeit des grausamen babylonischen Königs Hammurabi, zu der es noch hieß: „Auge um Auge, Zahn um Zahn!“ Es gibt schon ein Gesetz der Gnade. Doch auch diese Gnade müssen wir selbst verursacht haben, indem wir um sie bitten. Auch die Bitte um die Erlösung von einem scheinbar harten, selbst verursachten Schicksal ist eine Ursache – wir sollten allerdings Gott überlassen, WIE er dies tut.

Ich will heute ganz bewusst um die stimmige Erlösung aus einer schwierigen Situation bitten – entweder für mich selbst oder einen meiner Nächsten.

14

Wenn die Umstände derzeit ungünstig sind, dann heißt das doch nur, dass bessere Umstände geschaffen werden sollten. Woran es wirklich fehlt, ist immer nur der Glaube.

Das Wort „günstig" hängt mit dem Begriff der „Gunst" zusammen – Gunst aber von wem? Wir erkennen, dass wir, um günstige Umstände zu erhalten, auf die „Gunst" der einen Kraft angewiesen sind, die wir Gott nennen. Gerade dann, wenn die Umstände „ungünstig" sind, erscheint es sinnlos, an den Umständen zu kleben. Vielmehr gilt es, zu erkennen, womit wir diese „Ungunst" verursacht haben, und die eine Kraft um die „Gunst" zu bitten, damit sich günstigere Umstände einstellen oder von mir gestaltet werden können.

Heute will ich ganz bewusst um den göttlichen Segen für meine Lebensumstände bitten und offen sein für die „Gunst des Lebens".

15

Das Schicksal ist der beste Therapeut, es heilt letztlich jeden.

Die Seele möchte wieder heil und eins mit Gott werden. Diese Chance erhalten wir durch ein richtig gelebtes Leben in der Inkarnation Mensch. Wie bei einer „Erstverschlimmerung" im Rahmen einer homöopathischen Behandlung erleben wir auch im Zuge unserer „Behandlung" als Homo sapiens, dass im Laufe des Lebens all das, was seelisch unheil ist, ins Bewusstsein tritt, weil es sich als Krankheit oder Leid manifestiert. Ein Homo sapiens zu sein bedeutet, diese menschliche „Erstverschlimmerung" nicht nur zu ertragen, sondern durch aktives Mitarbeiten selbst mit zu heilen.

Heute will ich mir bewusst machen, an welcher Art von seelischer „Heilung" das Leben gerade an mir arbeitet – und bei dieser Heilung aktiv mitarbeiten.

16

Jede Wirkung entspricht in Qualität und Quantität immer genau der Ursache.

Es wäre ungerecht, wenn jemand, der seelisch Gift und Galle spuckt, etwas an den Beinen bekommen würde und jemand, der seinen Fortschritt behindert, Gallenprobleme – dann könnte niemand der Ursache seines Leidens auf die Spur kommen. Ausdruck der göttlichen Gnade ist es, dass jeder, der nach der Ursache seines Leidens sucht, diese über die „Sprache der Symptome" und den „Spiegel der Lebensumstände" selbst entdecken und entsprechend korrigieren kann.

Heute will ich mich mit einem Symptom oder Mangel beschäftigen, ihn fragen, wozu er mich auffordert – und die (Er-)Lösung in mein Bewusstsein nehmen.

17

Ich habe mein Schicksal selbst verursacht und bin der Einzige, der es ändern kann, also frisch ans Werk. Nun brauche ich meine ganze Kraft für die bewusste Gestaltung meiner Zukunft.

Jede Schicksalslösung verweist auf die eine Kraft, die wir auch Gott nennen können. Aber die Wege zu Gott sind unterschiedlich, weil jeder ein anderes Schicksal, einen anderen Mangel, etwas anderes Ungelöstes in sich trägt. Deshalb können wir den nächsten Schritt zur aktiven Gestaltung unserer Zukunft nur selbst finden. Und wir können vertrauen, dass es eine Zukunft gibt, die genau dem entspricht, was wir JETZT verursachen.

Heute will ich einmal ganz bewusst mit meinem zukünftigen Ich Kontakt aufnehmen und es fragen, was es von mir erwartet, worauf zu achten ist.

18

Schicksal kann Labsal werden, sobald wir uns(er) selbst annehmen.

Wir verstehen Schicksal fälschlicherweise negativ. Wir glauben, was uns von außen an „Bösem“ zugeschickt würde, sei unberechenbares Schicksal, das Gute jedoch, das uns begegnet, aber sei unser Verdienst. In Wahrheit gibt es allerdings weder gutes noch böses Schicksal, sondern nur einen Ausdruck des Seins, den wir als schmerzhaft oder lustvoll erfahren. Indem wir uns auf das Selbst besinnen und in die Stimmigkeit gelangen, wird das, was uns scheinbar geschickt wird, immer labender. Wir entwickeln „Geschick“ im Umgang mit den verborgenen Kräften, statt uns zu wundern, was uns da wieder „geschickt“ wird.

Heute will ich mich einmal ganz bewusst auf mich selbst besinnen, bevor ich durch Gedanken oder Taten meinen Lebenslauf beeinflusse.

19

Alle Schöpfung ist, wie der Name sagt, eine Wirkung, hinter der ein Schöpfer steht. Wo eine Schöpfung ist, muss also immer auch ein Schöpfer existieren, denn nichts kommt von nichts.

Wir erfahren die Schöpfung in ihrer Vielfalt – und diese Vielfalt lenkt unseren Blick jedoch ab vom Wesentlichen, von dem Wesen, das durch alles hindurch wirkt. So, wie Teller, Schüsseln und Tassen alle aus dem gleichen Material gemacht sind, obgleich sie unterschiedliche Formen zeigen, sind auch wir alle aus dem gleichen Stoff gemacht, den wir ruhig Gott nennen können. Der Weg, den Schöpfer zu erkennen, führt über die Liebe. Wenn wir in der Liebe leben, erfahren wir uns als nicht getrennt von den uns umgebenden Formen. Und diese Einheit öffnet für uns den Durchgang zum Schöpfer aller Formen, der Essenz.

Heute will ich einmal ganz bewusst „die Essenz allen Seins" atmen.

20

Natürlich können wir tun, was wir wollen, aber wir können nicht wollen, was wir wollen. Denn für unseren Willen gibt es eine Ursache, der wir auf die Spur kommen können.

Die meisten Menschen wählen innerhalb von mehr oder weniger erträglichen Gegebenheiten die bestmögliche und halten dies für ihren freien Willen. Doch freier Wille beginnt dort, wo die Gegebenheiten aufhören. Er ist ein kreativer, schicksalsverändernder Akt, der völlig neue Möglichkeiten schafft, Öffnungen für das Unbekannte, das Abenteuer des Lebens und seine Schönheit. Selbstbestimmung ist die Abkehr vom Wiederholungszwang des Altbekannten und die Hinwendung an die Wunder, die nur das Selbst vollbringen kann.

Heute will ich innerlich offen sein für ein Wunder.

21

Es gibt nichts außerhalb des Gesetzes und nichts geschieht im Gegensatz zu ihm.

Stellen wir uns einmal vor, es gäbe keine Gesetzmäßigkeiten in diesem Universum: Die Planeten würden wahllos aufeinander prallen, und so etwas wie eine Ökologie innerhalb der einzelnen Naturräume würde nicht existieren. Wir erkennen, wie wundersam sich die Elektronen um den Atomkern drehen und die Planeten um die Sonne. Nur wir selbst meinen, uns über die Gesetze hinwegsetzen zu können, statt zu versuchen, die Gesetze zu verstehen und mit ihnen zu kooperieren.

Heute will ich mich einmal ganz bewusst in Einklang mit dem EINEN Gesetz bringen, nach dem ich angetreten bin.

22

Das Gesetz beinhaltet keine Entscheidungsfreiheit, was es hervorbringen möchte. Wenn ich Rüben gesät habe, kann der Acker sich nicht dazu entscheiden, Weizen wachsen zu lassen.

Hier stellt sich natürlich die Frage, WEN wir durch uns säen lassen – unsere Vernunft, unsere Bequemlichkeit, unsere Lust, unsere Vorstellungen? Nur unser SELBST weiß, was wir wirklich an Lebensfrüchten brauchen. Deshalb sollten wir vor jeder wichtigen Entscheidung uns von Emotionen, Vorstellungen und Zwängen befreien und mit unserem Selbst in Kontakt kommen, um es um eine weise Einsicht zu bitten – damit auch unsere Saat eine weise sein möge.

Heute will ich ganz bewusst mein Selbst um eine weise Saat bitten, vielleicht sogar in einer ganz besonderen Angelegenheit.

23

Jeder Mensch verfügt über die Freiheit der Wahl. Dieser Freiheit aber steht die Konfrontation mit den Folgen seines Tuns gegenüber.

Solange noch ein „Ich" existiert, das denkt, handelt, hofft und plant, sind wir an das Gesetz des Schicksals gebunden. Hierbei gleichen gute Gedanken Ketten aus Gold und schlechte Gedanken Ketten aus Stahl. Wenn wir wirklich frei sein wollen, sollten wir uns an das Jesuswort „Herr, Dein Wille geschehe" oder „Süß ist Dein Wille, oh Herr" halten. Dies bedeutet allerdings nicht, Entscheidungen aus dem Weg zu gehen, denn auch dies wäre eine (negative) Ursache. Es besagt vielmehr, im Schöpferbewusstsein zu erspüren, was Gott durch uns bewirkt haben will, um freudig wie willig dies im Schöpfungseinklang durchzusetzen.

Heute will ich einmal ganz bewusst in einer Angelegenheit Gott um Rat oder einen Handlungsvorschlag bitten.

24

Schicksal ist weder der unerforschliche Ratschlag Gottes noch blinder Zufall, sondern immer ein Maßanzug für die individuelle Notwendigkeit.

Notwendigkeit bedeutet, wie das Wort bereits sagt, „die Not zu wenden". Wir leben auf Erden, weil unser Leben hier als Mensch unsere seelische Not wenden kann, weil es uns erfüllen kann. Jemand, der sein Leben verweigert, missachtet die Chance, die uns das Leben gegeben hat. Immer ist die Annahme des Lebens verbunden mit einer Opferung des kleinen „Ichs" in etwas Größeres hinein. Doch wenn wir unser Leben und auch unsere mögliche Zukunft aus einer größeren Perspektive betrachten, können wir erkennen, wie sehr wir gereift sind und wie viel seelischer Notstand bereits gewendet wurde.

Heute will ich mir einmal bewusst machen, wo ein seelischer Notstand liegen könnte und wodurch ich ihn am besten bereinigen könnte.

25

Jeder Gedanke, jedes Gefühl, jede Tat sind Ursachen, denen Wirkungen folgen.

Wie haben wir Menschen bloß das Schöpferbewusstsein verloren, wie ist der Sündenfall entstanden? Anfangs waren wir Schöpfer. Irgendwann haben wir eine Wirkung erlebt, die wir nicht anzunehmen bereit waren. Und wir haben begonnen zu behaupten: „Das habe ich nicht verursacht – das waren die anderen!“ Damit begann der Schöpfungsfall. Unsere Aufgabe ist es heute, die Aufmerksamkeit auf Gott zu richten. Bei „Altlasten“, die uns begegnen, bedeutet dies, anzuerkennen: „Ja, das habe ich (Gott durch mich) verursacht!“ Und in Zukunft sollten wir Gott durch uns denken, fühlen und handeln lassen.

Heute bringe ich ganz bewusst die Aufmerksamkeit meines Denkens, Fühlens und Handelns mit dem Göttlichen in mir in Verbindung.

26

Jeder kann frei bestimmen, was er säen will. Ernten muss er jedoch, was er gesät hat.

Viele Menschen kapseln sich vom Leben ab, weil sie Angst vor dem haben, was an Schicksal auf sie wartet. Jesus bringt hier das Beispiel des verlorenen Sohnes. Auf dem Weg zurück nach Hause müssen wir den Pfad, den wir im Laufe der Trennung gegangen sind, wieder zurückgehen. Dies bedeutet, unsere Ernte, ob angenehm oder ekelerregend, anzunehmen. Die Bluthunde des Karmas legen sie uns immer wieder vor die Füße, bis wir sie – zumindest geistig – annehmen, statt unsere Urheberschaft zu leugnen. Sobald wir dies vollbringen, beginnen wir, „Schicksal aufzuessen" und daran reifen wir.

Heute will ich mich ganz bewusst dafür entscheiden, mein Leben und das, was es mir präsentiert, anzunehmen und so bewusst wie möglich damit umzugehen.

27

Was die Menschen Schicksal nennen, ist bei genauerer Betrachtung nichts anderes als Schöpfung.

Wir verfügen über viele schöpferische Facetten, von denen uns die wenigsten bewusst sind. Oft sind wir hin- und hergerissen zwischen den Anforderungen von Unbewusstem, Seele, Verstand, Gefühl und Ungelöstem. Ein Teil von uns will abenteuerliche Gefühle, ein anderer sichere Lebensumstände, ein weiterer einen „Bußwunsch" verwirklichen, zugleich suchen wir vielleicht Lebensfreude. Wir erfahren Schicksal und wissen gar nicht mehr, welcher Teil von uns es „bestellt" hat. Erst durch die Steuerung des Selbst kommt Ordnung in unser Tages- und Unterbewusstsein und damit unsere Schöpfung. Wir schöpfen nicht mehr gegen, sondern durch uns selbst.

Heute will ich mir eine Eigenschöpfung betrachten und mich fragen, wie ich die dahinterstehende Absicht auf eine bessere Weise verwirklichen kann.

28

Das Gesetz des Schicksals ist immer auch ein Aspekt des Gesetzes der Harmonie, welches dafür sorgt, dass ein Pol immer seinen Gegenpol findet, um sich an diesem zu neutralisieren.

Harmonie ist vorhanden, wenn wir alles im rechten Maß besitzen. Sie ist Ausdruck des maßvollen Pfades, wie ihn der Buddha lehrte. Unmäßigkeit, Unersättlichkeit ist immer ein Egospiel. Unsere Aufgabe liegt darin, uns selbst auszugleichen, und inmitten der Extreme die Harmonie zu finden. Das Gesetz der Harmonie bezieht auch andere Menschen und Naturbereiche mit ein. Sorgen wir dafür, dass wir mit unserer Umgebung in Harmonie leben, gelangen wir dadurch auch immer mehr in Harmonie mit uns selbst.

Heute lebe ich in Harmonie mit mir und meiner Umgebung.

29

Das Gesetz von Ursache und Wirkung beginnt weder mit der Geburt noch endet es mit dem Tod. Es verbindet die einzelnen Inkarnationen und stellt sie sinnvoll zusammen.

Unsere Welt ist ein riesiges Spielfeld des Lernens. Wie beim Holodeck des *Raumschiffs Enterprise* können wir hier die verschiedensten Arten von Realität ausprobieren. Möglicherweise ist dieser Planet nur eine Vorbereitung für das „wirkliche Leben“, eine Art „Intronauten-Training“. So, wie wir Geld auf eine Sparkasse einzahlen, können wir auch Bewusstsein auf unsere Lebenskasse einzahlen. Die Währungen dafür lauten nicht Gold und Silber, sondern Liebe und Weisheit, die wir durch bewusste Gestaltung unseres Schicksals gewonnen haben und die uns auch nach dem Tode erhalten bleiben wird.

Heute übernehme ich ganz bewusst die Verantwortung für meine schöpferischen Gedanken und Taten.

30

Gott belohnt nicht die Tugend und bestraft nicht die Sünde, sondern die Sünde wird nur von der Sünde bestraft, denn die Sünde selbst ist bereits die Strafe.

Das Wort „Sünde“ stammt von dem althochdeutschen „sinte“ und bedeutet „trennen“, in manchen Regionen sprechen wir sogar noch heute von „sintern“. Jedes eigenwillige Handeln, das wir aufgrund unserer Vorstellungen unternehmen, ist Ausdruck eines Getrenntseins von der einen Kraft, von Gott. Getrennt zu sein schmerzt bereits, daher werden wir dann nicht noch einmal bestraft. Die meisten Menschen leben jedoch, ohne sich dessen bewusst zu sein, im Dauerschmerz des Getrenntseins mit so großer Selbstverständlichkeit, dass sie erst einmal in das Gefühl der Einheit wiederfinden müssen, um diesen Zustand zu beenden.

Heute will ich mich einmal ganz bewusst an meine Einheit mit Gott erinnern und mein Tun und Handeln mit dem Göttlichen (Selbst) in Einklang bringen.

31

Wenn ich die „Wirklichkeit hinter dem Schein“ erkenne, sehe ich absolute Gerechtigkeit, Krankheit und Leid nur als Botschaft und natürliche Folge des Missbrauchs der schöpferischen Energie des Menschen. Es gibt im ganzen Universum keine „Verteilungsstelle für Schicksal“. Jeder bekommt einfach das, was er verursacht.

Im Islam existiert für „grenzenlose Gerechtigkeit“ und „Gott“ das gleiche Wort. Wenn wir an einen ungerechten Gott glauben, dann versuchen wir uns am göttlichen Gesetz vorbeizumogeln, um kurzfristig Vorteile zu erhaschen. Wenn wir allerdings bereit sind, im Göttlichen eine Gerechtigkeit zu sehen, die wir jedoch nicht immer gleich verstehen müssen, dann erfahren wir sogar in den Prüfungen, die aus dem Selbst kommen, einen Ausdruck göttlicher Gnade. Denken wir nur an den König Hiob, der, nachdem er seine Prüfung bestanden hatte, alles, was er ursprünglich besaß, in vielfachem Ausmaß wieder zurückbekam.

Heute will ich mich um Gerechtigkeit gegenüber mir und meiner Umgebung bemühen, indem ich „das Rechte“ (das Göttliche) tue, denke und sage.

November
Gesundheit

1

Die Frage ist nicht, wie alt ich werde, sondern wie ich alt werde!

Jung zu bleiben heißt lernen. Weise zu werden heißt vom Leben zu lernen. Altersweisheit ist nichts, was automatisch erwächst. Die einen „verkalken“ mit zunehmendem Alter, die anderen werden weise. Worin liegt der Unterschied? Wenn wir uns in jedem Augenblick um Erkenntnis bemühen und das Leben zu uns sprechen lassen, sind wir wie ein Wein: Je älter, desto besser!

Heute mache ich mir einmal Gedanken darüber, wie mein Alter aussehen könnte und in welchem Bewusstseinszustand ich mein Alter erleben möchte.

2

Das Bewusstsein projiziert seinen Zustand auf den Körper, um ihn so sichtbar und fühlbar zu machen. Der Körper ist der sichtbare Ausdruck meines Bewusstseins.

Wenn wir auf unseren Körper hören, sagt er uns alles, was wir wissen müssen, um stimmig und auch seelisch heil zu leben. Wenn unser Körper steif geworden ist, zeigt er uns damit, dass wir geistig zu starr sind. Haben wir beispielsweise Schwierigkeiten mit der Wirbelsäule, verweist er auf ein Rückgrat, das wir in uns auch seelisch bilden sollten. Wir sollten mit unserem Körper eine liebevolle Freundschaft eingehen, ihn wie einen guten Freund behandeln und auf seinen Rat hören.

Heute mache ich mir einmal den Zustand meines Körpers bewusst und erkenne, welche Konsequenzen daraus für mein Bewusstsein zu ziehen sind.

3

Heilung braucht Offenheit und die Bereitschaft, Veränderung zuzulassen, einen Schritt weiterzugehen als bisher.

Jede Heilung ist wie die Inbesitznahme eines neuen Terrains. Als Kolumbus in die neue Welt aufbrach, die wir später Amerika nannten, war dies für ihn eine Reise in ein unbekanntes Land. Wenn wir in einem Lebensbereich Heilung erfahren wollen, müssen wir ebenfalls in ein neues Land aufbrechen. Wir müssen in uns einen seelischen Ort der Stimmigkeit finden und in Besitz nehmen. Erst wird uns dieser neue, stimmige Ort ungewohnt vorkommen. Die Versuchung ist groß, wieder in die Positionierung zurückzufallen. Doch sobald wir erkannt haben, wie viel Freude die eigene Heilung bedeutet, gewinnen wir Zutrauen zu einer neuen „stimmigen" und heilen Lebensform.

Heute will ich einmal ganz bewusst die „höchste Kraft" um Heilung in einem ganz bestimmten Lebens- oder Symptombereich bitten.

4

Ist das Bewusstsein in Harmonie, stimmt auch die Energie – und dann ist auch die Materie, der Körper in Harmonie.

Durch unser Bewusstsein prägen wir unser „so Sein“ in den Körper ein, so wie ein Siegel, das Siegelwachs prägt, auf das es gedrückt wird. Wenn wir Menschen über Jahrzehnte beobachten, erkennen wir ziemlich deutlich, wie sich Körper und Gesichtsausdruck dieser Menschen gemäß ihrem Bewusstsein verändern. Ein harmonisches Bewusstsein prägt Harmonie in die Zellen des Körpers, ein disharmonisches bringt Disharmonie in das bestehende Körper-Energie-System. Indem wir mit uns und unserer Welt in Stimmigkeit kommen, wird auch unser Körper ein Ausdruck dieser Stimmigkeit.

Heute will ich einmal meinen ganzen Körper mit Bewusstsein erfüllen, von den Haarspitzen bis zu den Zehen, und erleben, wie er sich dadurch harmonisiert.

5

Jede Behandlung sollte ganzheitlich sein, das heißt, sie sollte die Einheit von Körper, Geist und Seele erfassen und sich nie GEGEN eine Krankheit richten, sondern FÜR die Heilung.

Wenn wir zum Arzt gehen, dann fragt dieser meistens richtigerweise: „Was FEHLT Ihnen denn?" Doch statt zu erkunden, was wir zu unserem Heilsein brauchen, antworten wir meistens mit dem Negativen, das uns plagt. Wir sagen: „Ich habe Asthma!" Statt zu erkennen: „Mir fehlt innerer Raum, Weite, harmonischer Austausch." Natürlich müssen wir ein Symptom wahrnehmen und annehmen, dazu fordert es uns ja auf. Dann aber sollten wir erkennen, was uns fehlt, und erlauben, dass sich unser schöpferisches Bewusstsein auf den positiven Begriff, auf das vom Symptom Geforderte richtet.

Heute will ich einmal ganz bewusst meine Aufmerksamkeit auf ein Symptom oder eine Schwierigkeit richten und erkennen, was an Positivem dort fehlt.

6

Die Trennung vom höchsten Bewusstsein hält kein „Ich“ aus, ohne krank zu werden. Es geht bei der Gesundheit also nicht nur um die Heilung unseres Körpers, sondern um unser „Seelenheil“.

Es wäre das Schlimmste auf der Welt, wenn keiner mehr krank werden oder leiden könnte. Denn dann würden wir in einer ziemlichen Dumpfheit leben, ohne uns unserer Trennung von der einen Kraft bewusst zu sein. Krankheit und Leiden stellen den Schrei der Seele nach Bewusstsein dar. Und sie sind notwendig, damit wir spüren, dass uns etwas fehlt – der Kontakt zum höchsten Bewusstsein, das wir auch Gott oder das „wahre Selbst“ nennen können. Dieser Kontakt möchte aber nicht zur Welt- und Körperflucht hin zu einem fernen Gott genutzt werden, sondern als Chance, Gott durch uns, durch diesen Körper wirken zu lassen.

Heute lasse ich Gott oder das Göttliche durch meinen Körper wirken und nehme bewusst mein kleines „Ich“ zurück.

7

Es ist meine Pflicht, den Körper in einem guten Zustand zu halten, bis ich auch meine „geistige Geburt" vollendet haben. Wenn der Körper nicht länger ein gebrauchsfähiges Instrument ist, muss ihn die Seele verlassen, ganz gleich, ob die Aufgabe erfüllt ist oder nicht. Und sie setzt ihr Dasein auf einer anderen Ebene fort, oft unter schwierigeren Bedingungen.

Dieser Körper, den wir haben, ist ein kostbares Geschenk von „Mutter Erde" an uns. Egal, wie unser Körper nun im Detail beschaffen ist: Es gibt kein besseres Trainingsinstrument für Bewusstsein im ganzen Universum. Die ersten Jahrzehnte unseres Lebens verwenden wir üblicherweise, um mit den Körperfunktionen, der Gesellschaft, in der wir leben, und dem Broterwerb vertraut zu werden. Die letzten Lebensjahrzehnte stellen die eigentliche Ausreifung und Krönung unseres Bewusstseins dar. Es ist wichtig, dass wir diese Zeit bewusst und im Idealfall ungetrübt von Krankheit und Leid erleben.

Heute will ich meinem Körper Dankbarkeit dafür aussprechen, dass er sich als Bewusstseinstrainingsinstrument zur Verfügung stellt: Danke, dass es dich gibt!

8

Für die „eine Kraft“ gibt es überhaupt keine Krankheiten. Sobald sie in den Ort, der bisher krank war, einfließt, stellt sie die fehlende Harmonie wieder her.

Um zu erkennen, was uns fehlt, ist der Kontakt zur Quelle, der höchsten Instanz Gott unerlässlich. Ein Grundwissen über die „Sprache der Symptome“ oder die „Sprache der Lebensumstände“ kann hilfreich sein, um dieser notwendigen Erkenntnis näher zu kommen. Aber der eigentliche „Zündfunke“ für die Heilung entspringt immer der Quelle selbst. Krankheit gleicht einem verdorrten Land in unserer Seele. Sobald wir den entsprechenden Lebens- oder Körperbereich mit der „Quelle“ verbinden, fließt das „Wasser des Lebens“ genau in diese „Seelenregion“. Der innere Ort, der bisher Krankheit war, wird heil.

Heute will ich einmal ganz bewusst durch Gebet, Meditation oder Gesang Kontakt zur höchsten Instanz aufnehmen, bis ich ihre Berührung in mir spüre.

9

Das Wort „unheilbar“ gibt es nicht – es würde ja bedeuten, dass jemand von der Möglichkeit des Heilwerdens ausgeschlossen wäre.

Die Tatsache, dass Jesus Aussätzige geheilt und Tote wieder auferweckt hat, beweist, dass grundsätzlich ALLES heilbar ist. Gleichermaßen müssen wir jedoch anerkennen, dass ICH nicht heilen kann. Dieses „Ich“ ist genau das Hindernis für die Heilung. So sagt Jesus: „Der Vater durch mich tut die Werke.“ Heilung ist nichts, was wir „verlangen“, aber sehr wohl etwas, das wir „erlangen“ können. Da jeder den göttlichen Funken in sich trägt, ist jeder heilbar – auch wenn uns die Wege, wie dies geschehen soll, oft rätselhaft erscheinen.

Heute will ich mich einem belasteten Körperteil, Menschen oder Thema zuwenden, mit Jesus’ Worten fragen „Glaubst du?“ und diese Frage im Herzen bewegen.

10

Heilung auf der körperlichen Ebene wird möglich, wenn ich wieder lerne, meinen Körper zu spüren, ihn zu hören und ihm zu vertrauen. Mein Körper teilt sich mir klar und deutlich mit, wenn ich bereit bin, ihm zuzuhören.

Mit dieser Heilmethode arbeitet das „Body-Mind-Balancing“. Hierbei sprechen wir mit unserem Körper und sagen ihm: „Du hast mir ein Leben lang gedient, und ich erinnere mich, dass ich so oft vergessen habe, dir für all die Jahre zu danken, in denen du für mich da warst. Gibt es irgendetwas, dass ich für dich, lieber Körper, besser tun kann als bisher?“ Dann halten wir inne, ertragen die Stille und warten, bis unser Körper antwortet. Er wird dies erst sehr vorsichtig tun, schließlich haben wir lange nicht mit ihm geredet, dann aber immer deutlicher.

Heute will ich einmal ganz bewusst meinen Körper fragen, was ich im Umgang mit ihm noch besser machen kann, und wirklich aufmerksam hinhören.

11

Heilung ist die Herstellung vollkommener Gesundheit auf allen Ebenen des Seins.

Wir glauben, wir seien gesund, wenn der Arzt bei uns keine körperlichen Schäden feststellen kann. Aber Gesundheit umfasst sehr viel mehr. Es bedeutet, emotional, finanziell, geistig, beziehungsmäßig, beruflich wie auch spirituell gesund zu sein. Und es bedeutet, am rechten Platz mit den rechten Menschen zu leben und sich selbst so auszufüllen und auszudrücken, wie wir gemeint sind. Es gibt also viele Bereiche, in denen Gesundheit sich ausdrücken möchte.

Heute mache ich mir einmal meine verschiedenen Lebensbereiche bewusst und untersuche, was Gesundheit in jedem dieser einzelnen Bereiche bedeutet.

12

Wirkliche Gesundheit ist mehr, als das Nichtvorhandensein von Krankheit. Gesundheit ist das Vorhandensein von Lebendigkeit, Energie und Lebensfreude.

Es gibt nicht nur verschiedene Grade von Krankheit, es gibt auch verschiedene Grade von Gesundheit. Wenn Körper, Geist und Emotionen von den gröbsten Belastungen frei sind, stellt dies eigentlich nur die erste Stufe von Gesundheit dar. Gesundheit möchte wachsen, denn sie ist nichts, was stagniert. Gesundheit gleicht einem Muskel: Wenn wir uns nicht täglich um sie bemühen, bildet sie sich zurück. In diesem Sinne ist Gesundheit eine Lebenshaltung, die wir nicht nur uns selbst, sondern auch anderen angedeihen lassen können. Die höchste Gesundheit liegt übrigens nicht im Fitnesswahn, sondern in der Stimmigkeit mit dem Leben.

Heute will ich einmal ganz bewusst mit der innersten Quelle von Lebendigkeit, Energie und Lebensfreude Kontakt aufnehmen.

13

Indem ich mich meiner Heilung und meinem Weg der Wandlung widme, öffne ich mich mehr und mehr für die vielen Segnungen des Lebens.

Aus dem tibetischen Buddhismus kennen wir das Gleichnis vom guten, dem mäßigen und dem störrischen Pferd. Das störrische Pferd reagiert nur auf Sporen und Peitsche. Das mäßige Pferd lässt sich mit Zaumzeug und Sattel einigermaßen reiten, nur selten braucht man die Kandare. Das gute Pferd erahnt bereits, was der Reiter von ihm will, und benötigt nicht einmal mehr Zaumzeug. Es hat das beste Leben von allen drei Pferden.

Heute entscheide ich mich dafür, mein Leben meiner Heilung und meiner Herzenswandlung zu widmen und mich für die Segnungen des Lebens zu öffnen.

14

Jede Unausgeglichenheit bewirkt Spannung und jede Spannung blockiert den freien Fluss der Lebensenergie.

Es ist ein geistiges Gesetz, dass jede Anspannung das Gegenteil von dem bewirkt, was wir eigentlich anstreben. Dieses Gesetz ist einleuchtend, und doch beachten es die wenigsten. Wann immer wir unter Spannung stehen, sollten wir innehalten und uns eingestehen, dass dies ein Zeichen unserer eigenen Disharmonie ist. Wir sollten erkennen, was es zu lernen gilt und wie wir in unserem Leben harmonisch und frei von Anspannungen und Verkrampfungen leben können.

Heute will ich einmal ganz bewusst Anspannungen als ein Zeichen von Disharmonie erkennen und die eigene innere Harmonie wiederherstellen.

15

Jeder von uns könnte 140 Jahre leben, wenn er nicht vorzeitig abbuchen würde.

Wir Menschen gebärden uns oft wie Lebensmüde. Nicht, dass wir von einer Brücke springen, aber wir fügen unserem Körper durch ungesunde Lebensweise ernsthafte Schäden zu. Am verbreitetsten ist hierbei der „Selbstmord mit Messer und Gabel“, die Verkürzung des eigenen Lebens durch eine ungesunde Ernährung („Junkfood“). Bedenken wir einmal, wie viel geistig-seelische Entwicklung möglich wäre, wenn wir nicht 70, sondern 140 Jahre alt werden würden, und die geschenkten 70 Jahre für unser geistiges Wachstum nutzen würden. Die Chance dieser Inkarnation würde sich potenzieren!

Heute will ich mich einmal ganz bewusst fragen, ob ich auf eine gesunde Weise alt werden möchte und wie ich die „geschenkte“ Lebenszeit nutzen möchte.

16

Krankheit kann mich auch heil machen, denn sie ist immer ein Weg zu mir selbst. Durch die Krankheit eröffnen sich neue Ebenen des Seins, erscheinen neue Aspekte von mir selbst, um mir zu helfen, damit ich letztlich allumfassend werde.

Um eine Krankheit als Weg zu nutzen, ist es erst einmal erforderlich zu akzeptieren, dass die Krankheit eine Ursache hat, die in unserem Denken, Fühlen, Entscheiden oder Gewesenen liegt: „Ja, die Krankheit meint MICH!" Als zweiten Schritt müssen wir die Ohnmacht und Hilflosigkeit bisheriger Methoden, mit der Krankheit fertig zu werden, anerkennen. Daraus folgt dann der logische dritte Schritt, die Krankheit, genauer den vom Leiden befallenen Bereich, um Hilfe für unsere Heilung zu bitten. Wir sollten dies immer wieder tun.

Heute spreche ich im Gebet mit einem belasteten Bereich: „Ja, ich spüre den Mangel. Ich weiß nicht, wie es richtig sein soll. Bitte offenbare es mir!"

17

Krankheit zeigt sich nicht nur im Körper, sondern auch im Beruf, in der Partnerschaft, in der wirtschaftlichen Situation oder in der spirituellen Entwicklung. Immer will mir Krankheit zeigen, dass irgendwo ein Stau oder ein Mangel besteht. Indem ich diesen Mangel dort aufhebe, wo er existiert, heile ich die Krankheit.

Wenn wir es genau nehmen, gibt es nur EINE Krankheit und EINE Gesundheit. Krankheit, das ist die Trennung von Gott und von der individuellen Stimmigkeit. Und Gesundheit stellt die Verbundenheit damit dar. Krankheit beziehungsweise Gesundheit hat jedoch sehr viele Facetten. Es gibt Menschen, die körperlich gesund, aber finanziell krank sind oder umgekehrt. Wenn wir uns für den Weg der Gesundung entscheiden, sollte dieser innere Antrieb mehr und mehr Lebensbereiche einbeziehen. Indem wir den Weg zurück zur Gesundheit gehen, führen wir immer mehr Lebensbereiche dem Heilsein zu.

Heute will ich eine Kleinigkeit, die bisher unheil war, in die Stimmigkeit, ins Heilsein zurückführen.

18

Leute, die Krankheiten erwarten, bekommen sie auch.

Jede Angst zieht nach einem geistigen Gesetz genau das an, was wir befürchten. Darum werden manche Menschen krank, obwohl sie doch alles Mögliche unternehmen, um sich zu schützen. Und andere, wie der furchtlose Napoleon, gehen in ein Lazarett voller Pestkranker und stecken sich nicht an. Das Geheimnis der Gesundheit liegt in der Beherrschung der Aufmerksamkeit. Bin ich im Selbst zentriert, ohne meine Energien an Befürchtungen, kranke Leute oder Umstände zu verschleudern, entsteht automatisch Heilung.

Wann immer ich Krankheit oder Mangel erwarte oder sehe, richte ich heute meine Aufmerksamkeit auf die erlöste Variante von diesem Lebensbereich.

19

Man muss erst einmal krank sein, um nach unserem Versicherungssystem mit dem Arzt überhaupt in Kontakt zu kommen. Das Verhältnis zwischen Patient (ein Terminus für den geduldigen Kranken) und Arzt beginnt da, wo die Gesundheit bereits verloren ist.

Im alten China wurde der Arzt dafür bezahlt, dass er seine Klienten gesund hielt. Wurde der Mensch krank, bekam der Arzt kein Geld mehr. Damals verdiente der Arzt an der Gesundheit, heute leider an der Krankheit. Kein Wunder, dass unser Gesundheitssystem krankt (!). Wir sollten in uns das alte System installieren und beispielsweise in Zusammenarbeit mit einem Heilpraktiker oder Gesundheitsberater dafür sorgen, dass wir für unsere Gesundheit vorsorgen – und dafür zahlen. Außerdem sollten wir uns über die Heil- und Gesundheitskunde informieren, um uns bei leichten Beschwerden selbst helfen zu können.

Heute will ich mir Gedanken darüber machen, wie ich für meine Gesundheit vorsorgen kann, gegebenenfalls auch in Zusammenarbeit mit einem Gesundheitskundigen.

20

Manchmal steckt auch hinter einer Krankheit ein sehr ausgeprägter innerer Kritiker oder Tyrann, der ein Gefühl des Selbsthasses erzeugt. Man muss schon LEBEN WOLLEN, um gesund zu bleiben.

Forschungen haben ergeben: Ob jemand angesichts einer schweren Krankheit wieder körperlich gesund werden kann, hängt vom eigenen LEBENSWILLEN ab, der entweder durchbricht oder nicht. Der Lebenswille kann aber nur dann an die Oberfläche gelangen, wenn wir angesichts einer Krankheit unseren Starrsinn und unseren Selbsthass erkennen und loslassen. Wir müssen schon das Leben und uns selbst lieben, um am Leben zu bleiben. Der leichteste Weg dahin liegt vielleicht darin, im Leben und auch in uns das Wirken des einen Gottes zu erkennen.

Heute will ich meinem Lebenswillen auf die Spur kommen: Was ist für mich ein Grund zu leben? Was gibt meinem Leben Sinn?

21

Lösen Sie unerwünschte Gefühle oder Reaktionen allmählich durch Erkenntnis auf – das macht Sie gesund.

Wir sehen Menschen, wie sie sich ärgern oder auch andere Emotionen zeigen, und denken, dies müsse so sein. Natürlich ist es besser, seinen Gefühlen freien Lauf zu lassen, als sie zu verdrängen und aus seinem Herzen eine Mördergrube zu machen. Doch es gibt einen besseren Weg: Wenn wir Frust, Ärger, Wut, Bitterkeit, Zorn und Enttäuschung nutzen, um aus diesen Emotionen etwas über UNS SELBST zu lernen, dann verwenden wir diese Gefühle, um unsere emotionalen Muster bewusst zu verändern. Ist das Muster einmal geknackt, das „gewusst wie" einmal installiert, wächst unsere „emotionale Intelligenz". Wir sind dann davon befreit, dieses negative Gefühl zu wiederholen.

Heute mache ich mir bewusst, welches negative Gefühl ich immer wieder erlebt habe, und suche den Schlüssel für die Auflösung dieser Emotion in mir.

22

Viele Gesunde verfügen über unverwüstlichen Humor, lachen gerne, und zwar mehr über sich als auf Kosten anderer.

Das Ego kann nicht über sich selbst lachen, es lacht höchstens über andere und fühlt sich großartig dabei. Über uns selbst lachen können wir nur dann, wenn wir uns jenseits des Egos befinden. Denn das Ego nimmt sich selbst sehr wichtig und durchschaut nicht, in welchen Illusionen es lebt. Das tibetanische Bardo des Totenbuches berichtet über einen unerlösten jenseitigen „Ort der Tiere", wohin nach dem Tode die Menschen gelangen, die so sehr mit ihrem Ego verhaftet waren, dass sie alles „tierisch ernst" nahmen. Dort, wo wir über uns selbst lachen können, sind wir erlöst.

Heute will ich mich einmal an eine Situation erinnern, in der ich über mich selbst lachen konnte.

23

Viele Menschen wollen gar nicht gesund werden, sie wollen nur keine Beschwerden mehr haben!

Das ist eine grundsätzliche Frage der Lebenshaltung, für die wir uns entscheiden müssen: Wollen wir nur „funktionieren“, auch wenn unser Seelenheil darunter leidet, oder wollen wir wirklich seelisch gesund werden? Wem sind wir innerlich verpflichtet? Welchen Weg beschreibt unser Leben? Es ist besser, einen Weg zu gehen, der durch Tiefen, Schwierigkeiten und auch durch (Heil-)Krisen führt, aber uns letztendlich gesunden lässt, als ständig alle Symptome abzustellen und die wertvolle Chance, durch das Leben zu wachsen, zu reifen und seelisch zu gesunden, nicht zu nutzen.

Heute will ich mir einmal bewusst anschauen, was es für mein Leben bedeutet, wenn ich „funktionieren“ will, und wie es aussieht, wenn ich gesund werden will.

24

Weder der beste Arzt, noch das teuerste Medikament können heilen – heilen kann nur die Heilkraft in mir selbst. Die aber wartet darauf, dass ich sie aktiviere. Sie ist bereit, meinen Körper gesund und vital zu halten, solange ich ihn brauche.

Es gibt einen Heilstrom, und wir können lernen, diesen durch uns fließen zu lassen. Wir müssen uns dazu nur hinsetzen, beispielsweise in den Pharaonensitz mit nach oben geöffneten Händen, und uns auf unser wahres Selbst beziehungsweise Gott konzentrieren und die folgenden Worte sprechen: „Ich bitte die Heilkraft, durch mich zu fließen!" Sobald wir spüren, dass der Heilstrom durch uns fließt, können wir diesen mit Hilfe unserer Gedankenkraft in jeden beliebigen Lebens- oder Körperbereich lenken, um dort um Heilung zu bitten, die Heilung in Gang zu setzen.

Heute will ich einmal ganz bewusst den Heilstrom durch mich fließen lassen.

25

Wenn Sie an einer lebensbedrohenden Krankheit leiden, ist es sehr wichtig, dass Sie mit jenem Teil in Ihnen Verbindung aufnehmen, der sterben möchte und sich für den Tod entschieden hat. Finden Sie heraus, warum er diese Entscheidung gefällt hat. Gleichzeitig sollten Sie sich auch jenen Teil in Ihnen bewusst machen, der leben möchte.

Eine lebensbedrohliche Krankheit ist immer ein Zeichen dafür, dass ein Wesensanteil in uns sich entschieden hat zu sterben. Sonst könnte so eine Krankheit sich gar nicht eingeladen fühlen, in unseren Körper einzuziehen. Der Entstehungszeitpunkt der Krankheit gibt dabei wertvolle Auskunft darüber, warum ein Teil in uns sie eingeladen hat. Dieser Teil ist oft unbewusst, doch wenn wir uns diesen Bereich bewusst machen, finden wir auch Mittel und Wege, diesen wieder ins Leben zurückzuholen. Manchmal ist es eine Entscheidung, die zurückgenommen, oder ein Lebenssinn, der neu gefunden werden muss.

Heute will ich einen Teil in mir, der lebensgeschwächt oder gar lebensmüde ist, fragen, welche Glaubenssätze er beherbergt, und ihn neu ins Leben einladen.

26

Aus Egoismus „kränken“ wir uns gegenseitig, bis wir wirklich krank geworden sind – doch dieser Egoismus ist die eigentliche Krankheit. Wir können das, was unserem Körper geschieht, nicht vom Verhalten in unserem Leben trennen.

Auch hier geht es um eine Grundsatzentscheidung, wofür wir unsere Beziehungen verwenden wollen: Um uns gegenseitig zu kränken oder aneinander zu gesunden. Der Gesundung des anderen verpflichtet zu sein bedeutet, immer wieder ins Gebet zu gehen und das wahre Selbst im anderen wahrzunehmen. Der eigenen Gesundung verpflichtet zu sein bedeutet dagegen, den Spiegel, den der andere uns vorhält, als Chance zu nutzen, um das Heile in uns aufzusuchen – egal ob das Spiegelbild angenehm oder unangenehm ist.

Heute will ich ganz bewusst im inneren Gebet mit der Seele meines Nächsten Kontakt aufnehmen, mit der Absicht, mich seiner Gesundung zu verpflichten.

27

Wenn wir uns emotional geborgen und erfüllt fühlen, ist es viel wahrscheinlicher, dass wir körperlich gesund, vital und attraktiv sind.

Positive Emotionen haben eine heilende, negative eine zerstörerische Kraft. Doch es bringt nichts, uns selbst und anderen positive Emotionen vorzugaukeln. Jedes positive Gefühl, das wir suchen – Freude, Liebe, Glücklichsein –, birgt in sich ein Geheimnis, das wir zuerst ergründen müssen, damit wir dann durch diese Qualität genährt leben können. Der Weg, diese positive Qualität dauerhaft aufzunehmen, führt uns oft durch das Gegenteil: Das Verstehen eigener negativer Emotionen, ihrer Ursachen. Die Geisteshaltung, mittels derer wir Emotionen verwandeln können – beispielsweise Liebe in Hass –, können wir erlernen.

Heute will ich mich fragen, welche positive Emotion mir derzeit am wichtigsten ist, und mich aufmachen, ihrem Geheimnis auf die Spur zu kommen.

28

Wenn ich mein Auto nicht richtig bediene, geht es kaputt. Wenn ich gegen ein Gesetz verstoße, werde ich bestraft, und wenn ich meinen Körper nicht richtig behandle, werde ich krank. Jedes Leid, ja schon jedes kleine Unbehagen ist eine Botschaft und eine Aufforderung, mein Denken, Fühlen und Handeln zu ändern.

Leider wurde uns nirgendwo eine Bedienungsanleitung für unser Leben mit auf den Weg gegeben. Deshalb müssen so viele Menschen durch Krankheit und Leiden lernen. Relativ wenige Menschen erhalten die Gelegenheit, den königlichen Weg der Erkenntnis und des rechten Bemühens zu gehen. Und die wenigen, die diese Chance erhalten, erkennen sie nicht oder treten sie mit Füßen, statt sie zu nutzen. Dabei gibt es eine Chance für ein wirklich gutes Leben: „Wer ewig strebend sich bemüht, den wollen wir erlösen!"

Heute will ich im inneren Gebet um die Erkenntnis bitten, wie ich mit mir und dem Leben richtig umgehen, mich stimmig ins Leben einbringen kann beziehungsweise soll.

29

Wir sprechen gern von psychosomatischen Erkrankungen, so als ob es möglich wäre, dass nur die Psyche oder nur der Körper erkrankt. Immer sind jedoch beide betroffen, denn der Körper und die Psyche bilden eine Einheit.

Der Volksmund bekundet diese Wahrheit vielfach: „Mir ist eine Laus über die Leber gelaufen“, „Das muss ich erst verdauen“, „Der spuckt Gift und Galle“, „Das geht mir an die Nieren“, „Er nimmt sich das sehr zu Herzen“, „Da bleibt einem die Luft weg“, „Der hat kein Rückgrat“, „Das war kurzsichtig“. Aber selbst dort, wo wir uns „zufällig“ in den Finger schneiden oder stolpern, sollten wir aufmerksam sein. In letzter Konsequenz sind auch die kleinen Zufälle, die uns geschehen, Ausdruck eines Gesamtzusammenhangs. Alleine die gedankliche Trennung von Körper und Psyche ist bereits eine Krankheit – die Wiederherstellung des Zusammenhangs der Weg in die Gesundung.

Heute nehme ich inneren Kontakt mit einem „Symptom“ auf – und wenn es nur meine kalten Füße sind – und bitte die göttliche Heilkraft, dort hinzufließen.

30

Würden die Übergewichtigen weniger essen, die Trinker weniger trinken, die Raucher aufhören zu rauchen, die Faulen sich ein bisschen mehr bewegen und alle richtig atmen und Hilfreiches denken, lesen und ansehen, wir könnten mehr Leben retten und Krankheiten beseitigen, als mit all den teuren Verfahren der heutigen Medizin!

Es ist völlig in Ordnung, das Leben bewusst zu genießen, aber dort, wo mittels Völlerei und dekadentem Lebenswandel eine innere Leere überdeckt werden soll, missachten wir das Geschenk dieses Körpers, den wir haben. Bewusst zu leben bedeutet, immer wieder bewusst wahrzunehmen, welche geistige und physische Nahrung, Bewegung, Umgebung, Lebens- und Schlafgewohnheit uns gut tun und welche uns schaden. In den ersten Lebensjahrzehnten können wir noch Raubbau an unserer Gesundheit betreiben, spätestens ab der zweiten Lebenshälfte sieht man deutlich den Unterschied – auch in der Bewusstseinsentwicklung, die unser Körper durch ein bewusstes Leben erfährt.

Heute lebe ich so, dass es der Gesundheit meines Körpers förderlich ist, insbesondere esse ich das Rechte zur rechten Zeit im rechten Maß.

Dezember
Glaube

1

Glaube an den Erfolg ist das sicherste Mittel gegen Misserfolg.

Jesus sagt: „Und wäre euer Glaube nur so groß wie ein Senfkorn, ihr könntet Berge versetzen!“ Wie aber erlangen wir den Glauben? Es gibt viele Wege, um an den wahren Glauben zu kommen. Welchen Weg wir auch immer gehen, letztendlich zeigt sich der Glaube als Folge der Übereinstimmung mit der EINEN Kraft. Wenn wir in uns ganz gewiss spüren, dass wir das Rechte tun, dann erwächst daraus der Glaube, der Berge versetzt. Auf dem Weg dorthin suchen wir nach Indizien und Hilfen, um in diese Stimmigkeit zu gelangen.

Heute will ich mir bewusst machen, in welchem Lebensbereich ich in einer Stimmigkeit lebe, die tiefem Glauben erwächst, und diese Gewissheit spüren.

2

Einem jeden geschieht nach seinem Glauben, aber nur der Erfolgreiche gibt es zu.

Glauben bedeutet, „innerlich gewiss zu wissen". Um glauben zu können, müssen wir uns fragen, was wir innerlich gewiss wissen. Wir müssen eintauchen, unser inneres Wissen angraben, da unser Glaube tief in unserem Unbewussten verankert ist. Wenn wir nur das glauben, was wir glauben wollen, ohne uns die Mühe zu machen, in unser eigenes tiefes Wissen einzutauchen, dann sind wir „leichtgläubig". Wir gleichen dann einem Schiff ohne Kiel. Auf den trügerischen Zwischenebenen zwischen Oberflächlichkeit und tiefem Glauben finden wir GlaubensSÄTZE, Überzeugungen, die wir über das Leben in uns tragen. Durch diese müssen wir hindurchtauchen, sonst verwirklichen sie sich – statt unser wahrer Glaube.

Heute will ich ganz bewusst durchtauchen und meinen wahren Glauben finden.

3

Wahrer Glaube ist „wirklichkeitsschaffend". Der wahrhaft Glaubende hat die Macht, alles zu erwerben oder sich von allem zu trennen.

Oftmals sind es unbewusste Überzeugungen, die unser Leben (unbewusst) bestimmen, wie beispielsweise: „Beziehungen sind anstrengend!" Wenn wir dies (unbewusst) glauben, werden wir damit Recht behalten und uns einen Partner suchen, der es uns in der Beziehung so richtig schwer macht. Solange wir nicht sehen können, dass es die unbewusste Überzeugung ist, die diesen Missstand kreiert, sind wir dem, was wir scheinbar zufällig in der Welt vorfinden, hoffnungslos ausgeliefert. Wenn andere Menschen etwas völlig anderes erleben, dann deshalb, weil sie etwas völlig anderes über das Leben glauben.

Ich will erkennen, dass die Umstände und Beziehungen, die ich vorfinde, lediglich der Ausdruck meiner Überzeugung sind, „dass das Leben so ist".

4

Wer wirklich glaubt – woran auch immer –, setzt dadurch ungeheure Energien frei, die das scheinbar Unmögliche ermöglichen.

Aus der *Star-Wars-Trilogie* kennen wir den Segensspruch: „Möge die Kraft mit dir sein!“ Gemeint ist damit nicht, dass der Betreffende Kung-Fu betreiben sollte. Es geht vielmehr um die verwandelnde Kraft des Glaubens, die stets dem gegeben ist, der mit seinem tiefsten Selbst verbunden ist und aus diesem heraus denkt und handelt. Das tiefste Selbst ist nicht moralisch, es macht keinen Unterschied zwischen dem Glauben an grenzenlosen Reichtum und dem an ein Leben im selbstlosen Dienst für die Menschheit. Es bringt Glauben hervor. Wenn wir diesen Glauben nehmen und Verbindung zu unserem tiefsten Selbst halten, sind wir unbesiegbar. Wir werden zu unserem Glauben.

Heute will ich an Situationen erinnern, in denen „die Kraft“ mit mir oder einer mir bekannten Person war. Was ist das Geheimnis dieser Kraft?

5

Wer nicht an den Erfolg glaubt, wird nie erfolgreich sein.

An den eigenen Erfolg zu glauben heißt, zuversichtlich zu sein. Zuversicht ist die Gabe, etwas zu sehen, was noch nicht da ist. Zuversicht ist aber keine Einbildung. Zuversichtlich zu sein bedeutet zu erkennen, was werden soll, frei von Ego- oder Vorteilsdenken. Zuversichtlich zu sein beinhaltet auch, den ganzen Weg immer wieder zu übersehen und aus dieser „guten Sicht" heraus stets bereit zu sein, das Notwendige zu tun. Zuversicht, das ist wie Autofahren: Wir sehen auf der Landkarte das Ziel und bewegen uns auf dieses Ziel zu, unabhängig davon, ob wir Umwege machen müssen oder zum Beispiel im Stau stehen.

Heute schaue ich zuversichtlich auf eine Lebenssituation und erkenne, was ich als Nächstes unternehmen soll – ich lasse das Ziel sich im Laufe der Zeit offenbaren.

6

Alles, was ich bisher nicht glauben konnte und damit unmöglich machte, kann jederzeit „umgeglaubt“ werden – und dann wird es nicht nur möglich, sondern sicher.

„Umglauben“ geht eigentlich ganz einfach: Wir betrachten eine Lebenssituation und fragen uns, welcher Glaubenssatz, welche Überzeugung sich durch diese Lebenslage ausdrückt. Wir sehen uns an, wie unser Leben weiter verlaufen würde, wenn wir an diesem Glaubenssatz festhalten würden. Dann schauen wir uns an, wie unser Leben aussehen würde, wenn wir diesen Glaubenssatz loslassen würden. Und letztendlich entscheiden wir uns, ob wir unseren alten Glauben behalten oder einen neuen erfahren möchten. Oft zeigt sich in dieser Offenheit bereits ein neuer Glaube, der genauso wahr sein kann.

Heute will ich mir bewusst einen alten Glaubenssatz ansehen, ihn loslassen und einmal prüfen, welche neue Überzeugung an seine Stelle treten möchte.

7

Der Glaube ist nicht nur bei der Schaffung dessen beteiligt, was ich Realität nenne, ich sehe auch, dass der Glaube keine konstante Größe darstellt und ständigen Veränderungen unterworfen ist, die ich natürlich auch bewusst herbeiführen kann.

Unser eigener Glaube ist eingebettet in ein weltweites gewaltiges Glaubenssystem, das mehr oder weniger haltbar ist. Wo wir etwas anderes glauben als der Rest der Menschheit, kann es deshalb zu Kollisionen kommen. In unserem kleinen, privaten Rahmen gibt es ziemlich viel Raum, um uns durch „Glauben an das Rechte“ positiv zu verändern. Statt mit dem Glauben anderer Menschen oder Menschengruppen zu kollidieren, ist es sinnvoll, den eigenen Glauben so einzubringen, dass er vom kollektiven Feld mit getragen wird. Da das Leben sich wandelt, sollten auch wir zu neuen Erkenntnissen bereit sein.

Heute mache ich mir bewusst, was ich vor 10 oder 20 Jahren geglaubt habe und wie sich die Veränderung des Glaubens auf mein Leben ausgewirkt hat.

8

Mein Wunsch zeigt mir ein Ziel, der Glaube zeigt mir den Weg!

Es gibt Herzenswünsche, die der Tiefe der eigenen Seele entspringen, und oberflächliche Wünsche, die wir eigentlich nur antesten oder vielleicht auch nicht wirklich wollen. Und dann gibt es den EINEN Wunsch nach der Unio Mystica, der Einheit mit Gott. Doch was immer der Wunsch beinhaltet, es ist wichtig, dass wir nicht beim Wunsch selbst stehen bleiben. Wir müssen ihn in die eigene Tiefe nehmen, dort prüfen, ob er zu uns gehört, und – falls er zu uns gehört – gestärkt durch die Macht des Glaubens ihn wieder auftauchen lassen, damit er sich im Rahmen eines „gelebten Gebetes" in der Welt verwirklichen kann.

Heute nehme ich einen meiner Wünsche – egal, wie profan oder heilig er erscheint –, prüfe ihn im tiefsten Selbst und „schöpfe" daraus meinen Glauben.

9

Der festeste Glaube muss scheinbar wirkungslos bleiben, wenn ich die Erfüllung in die Zukunft verlege, während ich in der Gegenwart mein Bewusstsein auf den Mangel richte.

Wenn wir uns zum Beispiel eine „erfüllte Partnerschaft" wünschen, dann müssen wir diese erfüllte Partnerschaft JETZT SEIN, das heißt, diese Qualität im Bewusstsein halten. Dadurch drückt sie sich in unserem Auramantel aus und magnetisiert SOFORT die „erfüllte Partnerschaft" als Ist-Zustand. Es kann sein, dass sich eine bestehende Partnerschaft in kürzester Zeit auflöst, weil unser Partner für die „erfüllte Partnerschaft" nicht zur Verfügung steht. Es kann auch vorkommen, dass unser Partner sich wandelt und wir mit ihm die „erfüllte Partnerschaft" leben. Wir müssen unser Ziel JETZT SEIN und dem Leben überlassen, wie es die Dinge fügt.

Heute mache ich mir eine Qualität bewusst, die ich verwirklichen will, und übe mich darin, diese Qualität JETZT zu SEIN.

10

Der Glaube an sich selbst und an seinen Erfolg – dieser Glaube ist das Erinnern an die eigene, wahre Natur des Menschen.

Glauben ist erinnern. Also müssen wir nach „innen" gehen, um unseren Glauben zu finden. Der Glaube ist etwas, das uns auf unser „nach innen gehen" antwortet. Etwas, das aus uns aufsteigt. Glaube ist immer mit Erfolg gekoppelt und erzeugt die Gewissheit an den Erfolg. Aber dieser Erfolg sieht möglicherweise anders aus, als der Verstand ihn sich vorstellt. Manchmal hat er sogar kein Gesicht, aber unser Glaube hilft uns, den Weg trotzdem zu gehen.

Heute will ich einmal nach innen gehen und meinen Glauben bitten, durch mich in Erscheinung zu treten.

11

Der Glaube ist ein mächtiger Heiler – oder Mörder.

Es gibt Menschen, die aufgrund ihres „Glaubens“ töten, Hochhäuser in die Luft sprengen oder Völker tyrannisieren. Immer dann, wenn ein Glaube zu einer Ideologie wird, wirkt dieser als ein „Mörder der Wahrheit“. Wahrheit offenbart sich dem Gläubigen nämlich erst dann, wenn er frei von Ideologie ist – in jedem Augenblick neu. Es gibt Menschen, die sich aufgrund ihrer Erfahrung wahren Glaubens bemühen, das Heil in der (eigenen) Welt zu mehren – dies nicht aus einer Ideologie heraus, sondern aus einem Mitgefühl, das aus dem Wissen heraus erwächst, dass bei jeder emotionalen, seelischen und körperlichen Heilung, die sie im Außen erwirken, sie selbst ein Stück heiler werden.

Heute will ich mein Herz weit aufmachen, auf Unstimmigkeiten achten und meinen Glauben der emotionalen, seelischen und körperlichen Heilung weihen.

12

Die „Macht des Glaubens“ ist jederzeit bereit, für mich tätig zu werden – wenn ich will JETZT.

Vielleicht kennen Sie das apostolische Glaubensbekenntnis, das leider oft nur als reines Lippenbekenntnis gesprochen wird. Dabei handelt es sich hier um ein „geistiges Gesetz“ von erstaunlicher Wirkkraft. Damit Vater, Sohn und Heiliger Geist für und durch uns wirken können, müssen wir jedoch das Glaubensbekenntnis auch „innerlich vollziehen“. Wir müssen diese Worte in unserem Geist bewegen, sie innerlich denken und dann in der Stille des Geistes verharren, bis wir die Antwort, die Gewissheit in uns spüren. Wenn wir dies tun, sind wir Vermittler zwischen der Welt des Geistes und der physischen Welt.

Heute will ich einmal ganz bewusst Vater, Sohn und Heiligen Geist in mir spüren und um etwas bitten, das mir am Herzen liegt.

13

Die Geisteskraft des Glaubens schließt mich an die eine Kraft des Universums an, sodass nichts mehr unmöglich ist.

Jeder Glaube ist zugleich ein „näher mein Gott zu mir!". Unsere Aufmerksamkeit ist im Augenblick des Glaubens an den Geist (Gottes) gebunden und nicht mehr an den „dualen Mind". Da unsere Welt aus dem Geist (Gottes) geschaffen wurde, kann unser Glaube diese Welt verändern. Im Glauben haben wir keine „unstimmige Resonanz" mehr zu den Gegebenheiten, und der „Griff der Angst" erreicht uns nicht mehr. Statt dass die „Realität" uns determiniert, wirken wir auf die Welt ein. Je mehr wir in Stimmigkeit in unserem Glauben verharren, desto mehr ordnet diese Stimmigkeit auch um uns herum die Welt, in der wir leben.

Heute meditiere oder bete ich über den Satz: „Herr, sprich nur ein Wort!"

14

Ich glaube zu viel an den drastischen Wert des Wissens und weiß zu wenig vom praktischen Wert des Glaubens.

Wissen beschreibt Realität, Glauben verändert Realität. Wenn wir aber glauben, unser Wissen sei die Krone der Erkenntnis, verhalten wir uns wie die furchtsamen Matrosen auf dem Schiff des Kolumbus, die befürchteten, dass ihr Schiff in die Tiefe stürzen würde, sobald es den Horizont erreicht habe. Jesus mag uns hier als Beispiel dienen, wie er dem Sturm gebietet: Wenn der Verstand tobt und die See des Bewusstseins Wellen schlägt, dann ist es ratsam, innezuhalten und dem (Gedanken an) Sturm Einhalt zu gebieten. Der Glaube dient nicht nur unserer „Himmelfahrt", er lässt sich auch praktisch leben!

Heute will ich innehalten und dem Ansturm der Gedanken Einhalt gebieten. Ich will die Stille des Geistes nutzen, um mich gedanklich zu erneuern.

15

Glaube an den Erfolg ist das sicherste Mittel gegen Misserfolg.

Durch unseren Glauben ist es uns möglich, uns in jedem Augenblick auf unser Ziel auszurichten. Wie Eisenspäne durch einen Stabmagneten geordnet und in Form gebracht werden, so magnetisiert unser Glaube unsere Gedanken. Wann immer wir irgendwo feststecken in irgendeiner Form des Negativdenkens, sollten wir innehalten und die Stille des Geistes suchen. Aus ihr heraus sollten wir uns dann fragen: „Was will ich wirklich erleben?“ Es ist wie im Film *Matrix*: Wir selbst entscheiden, ob wir die blaue oder die rote Pille schlucken und wie unsere „Realität“ weitergeht – in jedem Augenblick!

Heute will ich mir einmal ganz bewusst einen Lebensbereich ansehen und mich dann in der Stille des Geistes fragen: „Was will ich hier wirklich erleben?“

16

Glaube ist aber nicht nur die wiederholte Bejahung des Erwünschten, sondern das Erkennen und Annehmen der inneren Wirklichkeit und die Gewissheit der Verwirklichung des gläubig Bejahten.

Wenn wir ganz intensiv daran denken, dass wir uns eine tolle Beziehung wünschen, dann verursachen wir ganz stark, dass wir uns diese Beziehung wünschen. Um sie aber auch wirklich zu erleben, müssen wir das Erwünschte, zum Beispiel die Beziehung, innerlich SEIN. Wir müssen auf der „inneren Ebene" bereits beziehungsfähig leben und so den Raum dafür schaffen, dass der veränderte Zustand, den wir durch unseren neuen Glauben geschaffen haben, sich auch im Außen magnetisieren, das heißt, zeigen kann.

Heute will ich erkennen, was ich mir wirklich wünsche, und dies einmal geistig in der Erfüllung „Probe leben", bis es mir zur Gewohnheit geworden ist.

17

Glaube ist eine höchst intelligente Sache, da in ihm die Bereitschaft liegt, die Unbegrenztheit des menschlichen Geistes anzuerkennen.

Wir können unser Gehirn auf zweierlei Weisen nutzen. Die herkömmliche Weise ist die, aus verschiedenen Alternativen, die uns das Leben anbietet, die für uns Beste auszusuchen. Die meisten Menschen halten dies für intelligent. Wirklich klug ist es aber, über diese Wahl hinauszugehen und das zu denken, „was werden soll", so wie Michelangelo in einem unbehauenen Marmorstein bereits die Skulptur und nicht nur den rohen Block sah.

Heute stelle ich mir vor, dass auf meinem späteren Grab eine Skulptur mit meinem Gesicht steht. Wie würde sie aussehen? Was würde darunter stehen?

18

Je nach Art des Glaubens arbeitet dieser für oder gegen mich, denn die Kraft des Glaubens verwirklicht das, wovon ich innerlich fest überzeugt bin.

Wir sollten uns bewusst machen, was wir glauben – über unser Leben, unsere Freunde oder Beziehungen. Dann sollten wir uns fragen, ob dieser Glaube „positiv“ ist oder „negativ“, ob er uns beflügelt oder ob er nur dazu dient, Recht damit zu haben, was für ein Pech wir mit dieser Inkarnation haben. Dort, wo unser Glaube „negativ“ ist, wollen wir beten. Wir wollen um die Einsicht bitten, wie wir diesen Glauben ersetzen können durch einen „guten“ Glauben, der uns Kraft gibt und den Rücken stärkt – in jedem Lebensbereich. Statt zu glauben, der eigene Vater habe unser Leben ruiniert, weil er streng war, können wir glauben, er habe unser Leben gekrönt, weil er uns gezwungen hat, unsere Freiheit zu finden.

Heute will ich ganz bewusst einen „negativen Glauben“ ins Gebet nehmen und darum bitten, ihn in einen „positiven Glauben“ umzuwandeln.

19

Ob Sie glauben, eine Aufgabe zu schaffen oder nicht, Sie werden in beiden Fällen Recht behalten.

Wenn schon der Glaube so wichtig ist, dann lohnt es sich zu fragen: „Was kann ich günstigstenfalls glauben?“ Nehmen wir an, wir können nicht daran glauben, dass wir unsere Aufgabe fristgerecht erledigen können. Dann brauchen wir einen modifizierten Glauben, der uns unterstützt. Vielleicht können wir daran glauben, unseren Auftraggeber von einem Fristaufschub überzeugen zu können. Oder daran, dass uns rechtzeitig ein Kollege – im Austausch – hilft. Oder dass wir ein neues Verständnis von unserer Aufgabe gewinnen und sie deshalb doch bewältigen können. Doch wir sollten uns nicht in unserem Glauben vergewaltigen, sondern das Gute glauben, was wir gerne und leicht glauben können.

Heute will ich einmal bei einer Angelegenheit, bei der mir der Glaube schwer fällt, das Gute herausfinden, dass ich „günstigstenfalls“ glauben kann.

20

Auch Jesus sagt: „Dir geschehe nach deinem Glauben." Das ist ein geistiges Gesetz, das auch heute noch gilt. Ich habe so viel Erfolg, Geld und Erfüllung, wie mein Glaube es zulässt!

Glaube kann weitreichend oder kurzreichend sein. Im Extremfall sprechen wir von „Kleingläubigkeit". Wenn wir mit unserem Glauben arbeiten, dann müssen wir uns dort abholen, wo wir stehen. Wir sollten uns einmal prüfen, an wen oder was wir glauben. Wenn wir an „Mutter Maria" glauben, wunderbar. Wenn wir an „Jesus Christus" glauben, perfekt. Wenn wir an das TAO, die Kraft der Natur, Shiva, die kosmische Urkraft oder einen ganz bestimmten Heiligen glauben, der uns hilft, dann sollten wir diesen Glauben nutzen. Natürlich gibt es auch solche, die an ihre Einheit mit Gott nicht nur im Verstand, sondern in allen Zellen glaubten. Sie konnten Wunder bewirken. Das größte Wunder aber ist, dass wir überhaupt glauben können.

Heute will ich mich ganz bewusst fragen, an wen oder was ich glaube. Eventuell lege ich sogar eine Liste an und finde so die Essenz meines Glaubens.

21

Ich kann meinen Glauben an der Erfahrung wachsen lassen oder ihn aus dem gleichen Grund schwächen oder gar auflösen. Ich rücke das, was ich glaube, immer wieder in den Bereich der Tatsachen, und dann bestätigt die Realität auch noch diesen Glauben.

Nehmen wir an, jemand glaubt, er sei ein guter Liebhaber. Wenn wir ihn fragen, wie er zu diesem Glauben kommt, wird er auf Erfahrungen und Aussagen seiner Freundinnen verweisen. Die gleiche Person hat aber sicherlich auch Erlebnisse gehabt, die ihn als einen eher mäßigen Liebhaber kennzeichnen. Aber, im Falle der Befragung, stützt er sich auf die „Tatsachen", die seinen Glauben stärken. Diesen Mechanismus können wir bewusst nutzen, indem wir etwas Schlechtes, was wir von uns glauben, abschwächen oder etwas Gutes von uns, was wir glauben möchten, mit Erfahrungen untermauern.

Heute will ich mit Hilfe der Erinnerung an entsprechende Erlebnisse etwas Schlechtes, das ich von mir glaube, schwächen und beziehungsweise oder etwas Gutes stärken.

22

Unsere Fantasie zeigt mir ein Ziel, die Imagination gibt dem Ziel seine Form, aber erst durch den Glauben tritt diese Form „in Erscheinung“.

Die Fantasie gehört in den neptunischen Bereich unseres „inneren Träumers“. Ohne Fantasie leben wir im Gefängnis der Gegebenheiten. Die Imagination gehört in den marsianischen Bereich unseres „inneren Realisten“. Was als Vorstellung von selbst zu uns gelangt, dass können wir konkret erfassen. Der Glaube zeigt sich als die jupiterhafte Inbesitznahme unserer Vorstellung, die – nach vielen Feinabstimmungen – sogar unseren „inneren Kritiker“ überzeugt.

Heute will ich von dem Leben träumen, das möglich wäre. Ich will es dann auf Umsetzbarkeit und Bedenken überprüfen und dann an das, was bleibt, glauben.

23

Begeisterung bedeutet, den stimmigen Geist zu finden.

Was ist das Geheimnis der Begeisterung? Wir müssen den „Geist“ unseres Anliegens finden und uns mit dem auseinandersetzen, worum es uns wirklich geht, das heißt, was der „Spirit“ unserer Angelegenheit ist. Haben wir den stimmigen Geist in der Tiefe unseres Selbst gefunden, sind wir „begeistert“. Dafür müssen wir unsere Leichtgläubigkeit und „billigen Lösungen“ aufgeben und uns damit auseinandersetzen, wer und was HINTER unserem Anliegen steckt. Mit diesem Geist an der Hand begeistern und überzeugen wir dann auch andere. Wir brauchen Glauben, damit wir damit überhaupt beginnen.

Heute ergründe ich in einer Angelegenheit, die mir wichtig ist, den „Spirit“, der hinter dieser Sache steht, und lasse meine Begeisterung für diesen Geist zu.

24

Wenn ich etwas nicht für möglich halte, finde ich natürlich auch gute Argumente dafür, warum es gar nicht möglich ist: Kaum jemand macht sich bewusst, dass dies alles Variablen sind, die ja gerade von meinem Glauben abhängig sind, das heißt konkret, von meinem Glauben erst geschaffen werden.

Mit Hilfe einer einfachen Technik ist es möglich, Argumente für unseren Unglauben zu entkräften. Hierfür machen wir uns erst einmal das Hauptargument für unseren Unglauben bewusst, zum Beispiel: „Ich kann nicht erfolgreich sein, weil ich in Essen wohne." Dann nehmen wir genau dieses Argument, bauen daraus eine „unabhängig-davon-Formulierung" und finden neue Begründungen beispielsweise für: „Unabhängig davon, dass ich in Essen wohne, kann ich erfolgreich sein." Anhand der daraus erwachsenden Argumente erkennen wir, dass Hindernis oder Chance stets in uns selbst liegen.

Heute will ich einmal ganz bewusst das Hauptargument, warum die Erfüllung meines für mich stimmigen Traumwunsches nicht möglich ist, entkräften.

25

Wenn ich etwas nicht für möglich halte, sollte ich versuchen zu unterscheiden, ob ich es zeitlich oder räumlich „weggeglaubt" habe. Ist es nur zeitlich weggeglaubt, kann ich es „mit der Zeit" doch noch erreichen. Habe ich es räumlich weggeglaubt, ist es unerreichbar, es sei denn, ich glaube es her.

Wenn wir beispielsweise tief in uns glauben können, dass wir im Laufe dieses Lebens noch erfolgreich sein werden, dann ist dies möglich, auch wenn wir heute noch wie ein armer Schlucker leben – wir wissen ja nie, was kommt. Wenn wir aber glauben, dass unsere Erfüllung außerhalb unserer Reichweite liegt („Nie mehr werde ich dies erleben können"), dann ist der Zug erst einmal abgefahren. Wir können dann zwischen zwei Möglichkeiten wählen: Entweder wir lassen die Sache los („Ist mir nicht so wichtig"), oder wir verändern unseren Glauben, beispielsweise indem wir vergleichbare Fallbeispiele suchen, wo genau das geklappt hat.

Heute mache ich mir etwas Erwünschtes bewusst und schaue hin, ob ich es räumlich und zeitlich glauben kann. Wann erwarte ich die Erfüllung?

26

Wie die Dinge oder Umstände beschaffen sind, zeigt nur, wie ich glaube, dass sie sind. Der Glaube wird als Ereignis, Situation oder Umstand sichtbar.

Um zu erkennen, was wir (insgeheim) glauben, ist es hinreichend, sich einmal eine ANDERE Person vorzustellen, die in unseren Lebensumständen lebt. Noch deutlicher wird es, wenn wir die Vorstellung übertreiben und uns vor Augen halten, die andere Person würde sich auch mit unseren „Themen" beschäftigen, nur noch viel intensiver. Was muss so jemand über das Leben glauben, wenn er so lebt, wie wir? Wenn wir möchten, stellen wir uns alternativ jemanden vor, der ein stimmigeres Leben lebt, und wählen dann, wessen Glauben wir übernehmen wollen.

Heute will ich einmal ganz bewusst von meinen Lebensumständen auf meinen Glauben rückschließen.

27

Erst gewinnen – dann beginnen.

Wir sollten nie mit einer Sache beginnen, ohne sie bereits – im Geiste – erfolgreich abgeschlossen zu haben. Wenn wir Erfolg haben wollen, sollten wir uns den erwünschten Endzustand vorstellen. Dabei sollten wir innerlich ertasten, ob dieses Bild nur als nebulöse Idee in unserem Geist schwebt, oder ob wir ein Gefühl der „inneren Gewissheit" damit verbinden. Fehlt die Überzeugung, nützt es nichts, uns einzureden, die Sache würde schon funktionieren. Wir sollten vielmehr die Ungewissheit nutzen, um bewusst zu überprüfen, was noch fehlt, und das Fehlende Schritt für Schritt herbeischaffen.

Heute sehe ich auf eine Sache, die ich erreichen will, und überprüfe, ob ich mir gedanklich vorstellen kann, wie ich sie eines Tages bereits erreicht habe. Falls nicht, überprüfe ich, was noch fehlt.

28

Wissen stellt nur Tatsachen fest – Glaube SCHAFFT Tatsachen.

In unserem Glauben liegt Schöpferkraft. Unsere Fähigkeit des Glaubens müssen wir jedoch stets an dem überprüfen, was wir „Realität" nennen. Der „Prüfstein Realität" soll uns aber nicht unseren Glauben nehmen, sondern dazu beitragen, dass er intelligenter, virtuoser und reifer wird. Wissenschaft ist dann hilfreich, wenn sie als Ergänzung zum Glauben verstanden wird. Dann können wir wissenschaftlich überprüfen, inwieweit unser Glaube stimmig ist und wo wir ihn noch verändern müssen.

Heute setze ich mich „wissenschaftlich" mit meinem Glauben auseinander und erinnere mich an drei Erlebnisse, in denen mein Glaube etwas Gutes bewirkte.

29

Glauben kann ich lernen, trainieren wie einen Muskel.

Wenn wir wissen, dass es beim Glauben auf die „innere Gewissheit" ankommt, wird es für uns immer leichter, diese zu erkennen. Wenn wir wissen, dass unser Glaube Selbstlosigkeit erfordert, wird unser Glaube immer schöpfungsgerechter. Wenn wir wissen, dass ein Glaube stark oder schwach sein kann, entwickeln wir immer mehr Souveränität darin, die Kraft am Brennpunkt zu halten, auch dann, wenn Widerstände auftauchen. Die Betätigung des Glaubens gleicht einer „inneren Bewegung", die mittels eines „geistigen Muskels" in Gang gesetzt wird.

Heute betätige ich ganz bewusst den „inneren Muskel des Glaubens" bei einer Sache, die mir wichtig ist und anderen zum Wohle dient.

30

Wahrer Glaube stellt die Gewissheit dar, dass das Gewünschte in Erscheinung treten muss, wenn ich mich der einen Kraft öffne und sie auf das erwünschte Ziel lenke.

Indem wir uns der einen Kraft öffnen und sie auf unser Ziel lenken, polarisieren wir unser Körper-Energiefeld. Wir werden „resonanzfähig" für ganz bestimmte Umstände, und für andere werden wir „resonanzunfähig". Bestimmte Umstände und „Zufälle" erleben wir neuerdings als stimmig zu uns. Und andere erleben wir immer mehr als „unstimmig" und müssen sie dann auch loslassen. Durch die Kraft unserer Aufmerksamkeit erleben wir uns selbst als Schöpfer unserer Resonanzfähigkeit. Wenn uns eine Resonanz, die wir haben, nicht gefällt, ändern wir sie mit Hilfe unserer Aufmerksamkeit: „DIES hätte ich gerne SO."

Heute achte ich darauf, welche Resonanz für mich stimmig ist und welche ich liebevoll und achtsam loslassen möchte, weil sie meinem Ziel widerspricht.

31

Der Sinn des Dankens ist es, dass ich mich für etwas bedanke, das ich erhalten habe. Und damit verlege ich die Erfüllung ins Jetzt.

Kaum ein Mensch ist sich dessen bewusst, wie viel Potenzial in der Dankbarkeit steckt. Dankbarkeit beginnt damit, dass wir (jeder für sich) erkennen, wie viel wir von der Schöpfung bereits bekommen haben. Wir müssen zu einer Grundhaltung der Dankbarkeit in der Lage sein. Haben wir von der Süße der Dankbarkeit erst einmal gekostet, auf dem Weg gelernt, wie „dankbar sein" geht, ist es uns ein Leichtes, diese Dankbarkeit nicht nur auf Gewesenes, sondern auch auf Gewünschtes zu richten. Die Dankbarkeit, die Erfüllung schafft, führt letztendlich zu einer tiefen Verschmelzung mit Gott und einer Freude darüber, dass dieses Lebensspiel überhaupt existiert und dass wir in einer sich selbst bewusst werdenden Form die Erfahrung des Menschseins durchlaufen dürfen.

Heute will ich bewusst dankbar sein für das Viele, das ich bekommen habe, und das Gute, welches das Leben mir in seiner Fülle noch bieten wird.

Über den Autor

Kurt Tepperwein ist Heilpraktiker und Lebenslehrer. Seit 1997 ist er Dozent an der Internationalen Akademie der Wissenschaften und leitet den Arbeitskreis Mental-Training. Seine Trainingsmethoden verhalfen u.a. Spitzensportlern und Top-Managern zu Erfolg und stabilen Leistungen. Im *mvg Verlag* hat er bereits zahlreiche Bestseller veröffentlicht.